Écrire en français

김언자 · 김현주 · Marie caisso

신아사

Écrire en français
프랑스어 작문 A1•A2

발행일
1판 1쇄 찍음 • 2012년 2월 20일
1판 1쇄 펴냄 • 2012년 2월 28일

저 자
김언자 강원대학교 불문학과 교수
김현주 단국대학교 프랑스어과 교수
Marie Caisso 성균관대학교 프랑스어문학과 교수

펴낸이
정현걸

발 행
신아사

인 쇄
예지커뮤니케이션

정 가
12,000원

ISBN 978-89-8396-766-4(93760)

일러스트 : 김현주
사진 : 김언자, 김현주

출판등록 • 1956년 1월 5일(제9-52호)
서울특별시 은평구 녹번동 28-36번지 2F
TEL : 02)382-6411 • FAX : 02)382-6401
홈페이지 • www.shinasa.co.kr
이메일 • shinasa@chol.com

"본 교재는 한국프랑스어문교육학회 송정희 교수 출판 지원금을 받아 출판되었음"

머리말

본 교재는 프랑스어를 배우는 초급단계(A1/A2)의 학생들을 대상으로 글쓰기를 훈련시키기 위해 만들어졌다. 기존의 많은 작문 교재가 문법적 내용을 토대로 하여 문장 단위의 글을 쓰도록 하는 것이었다면, 이 책은 구체적 의사소통 상황에서 출발하여 그 상황에 필요한 글을 실제 써보도록 유도한다.

글쓰기는 말하기와는 다르며 글의 목적에 따라 글쓰기의 형식도 달라진다. 따라서 글을 잘 쓰기 위해서는 어떤 상황에서 무슨 목적으로 쓰는지가 중요하다. 이 책은 일상생활에서 필요한 글쓰기 항목을 중심으로 12개의 과를 난이도에 따라 구성하였다. 각 과는 하나의 의사소통 주제 하에 예시문과 연습문제가 함께 주어져, 학생들로 하여금 예시문에 제시된 글의 형식이나 표현을 익힌 다음에 이를 참고로 직접 글을 써 볼 수 있도록 하였다.

앞부분에서는 어휘 선택이나 간단한 표현 위주의 문제가 주어지고, 뒷부분으로 갈수록 자유 작문이 주가 된다. 자유 작문의 속성 상 정답 제시는 불가능하겠으나 교사의 지도 없이 혼자 공부하는 학생들을 위해 답의 예를 부록에 넣었고, 본문 내용과 관련되는 분야의 어휘도 함께 수록하여 글을 쓸 때 참고할 수 있도록 하였다.

글쓰기는 인내를 필요로 하는 힘든 작업이다. 글을 잘 쓰기 위해서는 좋은 글을 많이 읽고 스스로 많이 써보는 방법 밖에 없다. 이 책이 프랑스어로 글쓰기 연습을 해보고자 하는 학생들에게 유용하게 사용되기를 바란다.

Table des matières

Leçon 1

Qui êtes-vous ?

■ **학습목표**

인물 묘사, 인물 소개

■ **문법**

형용사, 직설법 현재형(être, avoir, faire, s'appeler)

■ **어휘**

직업, 운동, 취미활동

I 여러분과 관련된 사항을 적어보시오.

Nom :

Prénom :

Date de naissance :

Nationalité :

Adresse :

Profession :

(Si vous êtes étudiant(e), université :

spécialité :)

Situation familiale : célibataire/marié(e)/divorcé(e)

Téléphone :

Courriel :

Langues parlées :

Sports pratiqués :

photo

Je m'appelle .... Je suis ....

J'habite .... Je suis ....

.... Je suis ....

Mon numéro de téléphone, c'est le ....

Mon courriel, c'est ....

Je parle ....

J'aime ....

어휘

courriel (adresse électronique, mél, mèl) 이메일 주소

II 다음 예시문과 같이 지시사항을 읽고 인물을 소개해보시오.

이름 : 카르멘	Elle s'appelle Carmen.
국적 : 스페인	Elle est espagnole.
나이 : 27세	Elle a 27 ans.
결혼 여부 : 독신	Elle est célibataire.
거주지, 직장 : 그르노블	Elle habite et travaille à Grenoble.
직업 : 스페인어 교사	Elle est professeur d'espagnol au lycée.
운동 : 수영, 스키	Elle fait de la natation et du ski.

(1) 이름 : Nicolas
국적 : 프랑스
나이 : 22세
직업 : 대학생(경제학 전공 4년)
취미 : 자전거 타기, 여행하기, 사람들과 토론하기
거주지 : Nantes

....

....

....

....

....

(2) 이름 : Cécile(딸), Paul(아들)
나이 : Cécile(3세), Paul(5세)
좋아하는 것 : Cécile(아이스크림, 눈), Paul(로봇, 바다)
싫어하는 것 : Cécile(시금치), Paul(비)

....

....

....

....

III 다음 가족사진을 보고 묘사해 보시오.

(좌측부터 언니, 여자 조카, 남자 조카, 남동생, 나, 형부)

도움 어휘

frère(m.), sœur(f.), neveu(m.), nièce(f.), beau-frère(m.), belle-sœur(f.), oncle(m.), tante(f.), enfant(m./f.), grand, petit, beau, joli, chapeau(m.), chaussure(f.), pieds nus

....

....

....

....

....

IV 여러분의 친구나 가족을 소개해보시오.

....

....

....

....

....

1 형용사 : beau, vieux

beau / belle / bel	vieux / vieille / vieil
un beau garçon	un vieux monsieur
une belle fille	une vieille dame
un bel homme	un vieil homme

Attention ! 모음, 무음 h 앞에서 : beau → bel, vieux → vieil

2 운동이나 활동의 표현 faire + du/de la + N

Je fais du sport.
Je fais du ski / de la natation / du vélo / du cheval.
Je fais de la photo.
Je fais de la musique.

3 직업

M	F
étudiant	étudiante
lycéen	lycéenne
danseur chanteur	danseuse chanteuse
journaliste	journaliste

4 국적

pays	M	F
France	français	française
Corée	coréen	coréenne
Japon	japonais	japonaise
Allemagne	allemand	allemande
Espagne	espagnol	espagnole
Italie	italien	italienne
Chine	chinois	chinoise

5 동사변화 : être, avoir, faire, s'appeler

	être	avoir	faire	s'appeler
Je	suis	(J')ai	fais	m'appelle
Tu	es	as	fais	t'appelles
Il/Elle	est	a	fait	s'appelle
Nous	sommes	avons	faisons	nous appelons
Vous	êtes	avez	faites	vous appelez
Ils/Elles	sont	ont	font	s'appellent

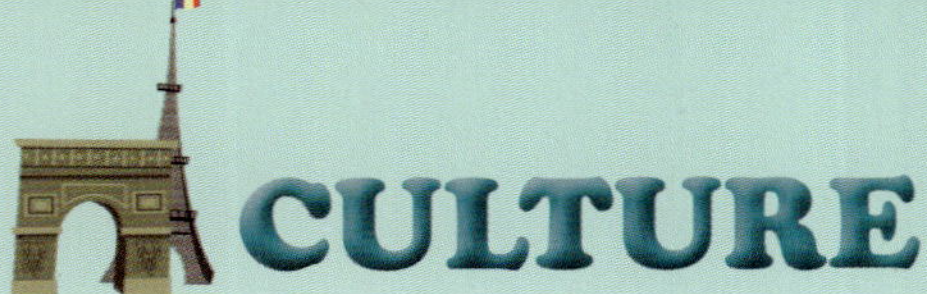

RÉPUBLIQUE FRANÇAISE

DEMANDE DE VISA POUR UN LONG SEJOUR

PHOTOGRAPHIE D'IDENTITÉ

1. Nom(s)

2. Nom(s) de famille antérieur(s)

3. Prénom(s)

4. Date de naissance (jour-mois-année)

5. Lieu de naissance

6. Pays de naissance

7. Nationalité actuelle

Nationalité à la naissance si différente

8. Sexe
☐ Masculin ☐ Féminin

9. Etat civil
☐ Célibataire ☐ Marié(e) ☐ Séparé(e) ☐ Divorcé(e) ☐ Veuf(ve)
☐ Autre (veuillez préciser)

10. Pour les mineurs : Nom, prénom, adresse (si différente de celle du demandeur) et nationalité de l'autorité parentale/du tuteur légal

11. Numéro national d'identité, le cas échéant :

12. Type du document de voyage
☐ Passeport diplomatique ☐ Passeport de service
☐ Passeport officiel ☐ Passeport spécial
☐ Passeport ordinaire ☐ Autre document de voyage (à préciser) :
....

13. Numéro du document de voyage

14. Date de délivrance (jj/mm/aa)

15. Date d'expiration (jj/mm/aa)

16. Délivré par

17. Adresse du domicile (n°, rue, ville, code postal, pays)

18. Adresse électronique

19. Numéro(s) de téléphone

20. En cas de résidence dans un pays autre que celui de la nationalité actuelle, veuillez indiquer :

Numéro du titre de séjour	Date de délivrance	Date d'expiration

21. Activité professionnelle actuelle

22. Employeur (Nom, adresse, courriel, n° téléphone) - Pour les étudiants, nom et adresse de l'établissement d'enseignement

23. Je sollicite un visa pour le motif suivant :
☐ Activité professionnelle ☐ Etudes ☐ Stage/formation ☐ Mariage ☐ Raison médicale
☐ Etablissement familial ☐ Etablissement privé/Visiteur ☐ Visa de retour
☐ Prise de fonctions officielles ☐ Autre (à préciser) : ....

24. Nom, adresse, courriel et n° téléphone en France de l'employeur / de l'établissement d'accueil / du membre de famille invitant,...etc

25. Quelle sera votre adresse en France pendant votre séjour ?

Leçon 2

Que voyez-vous ?

- **학습목표**
  장소 묘사
- **문법**
  불규칙동사, 대명동사, 축약관사
- **어휘**
  장소전치사, 색깔 형용사

I 다음 예시문은 장소 묘사의 글이다.

Le ciel est bleu, la mer est calme. Les vagues se brisent sur des rochers. Des gens se promènent sur une petite route. A droite de la route, il y a des champs. Au bout de la route, on aperçoit une église et quelques petites maisons.

어휘

vague(f.) 파도
se briser 부서지다
rocher(m.) 바위
À droite (gauche) de la route 길 오른(왼) 쪽에
champ(m.) 들판
au bout de la route 길 끝에
apercevoir 알아보다
église(f.) 교회

II 다음 그림을 보고 빈 칸에 알맞은 말을 넣어 글을 완성하시오.

(1)

.... une grande fenêtre, on voit des gens. Ils .... ou .... entre amis. .... , on voit de grands immeubles. Le soleil vient de .... Les lumières commencent à s'allumer.

> **도움 어휘**
> **devant, derrière, à côté de, au fond, se lever, se coucher, se promener, discuter**

(2)

Il .... Le ciel est .... On voit une femme et un enfant. Ils portent .... La femme a un sac sur .... Elle regarde son fils. Lui, il ne veut pas quitter .... Qu'est-ce qui attire son regard ? Y a-t-il .... dans le bassin ? Au fond, on voit .... et une maison.

> **도움 어휘**
> **pleuvoir, neiger, bleu, gris, parapluie(m.), arbre(m.), canard(m.), bassin(m.), dos(m.)**

(3)

.... de la mer, un .... est assis sur le quai : il .... les poissons avec patience. Il y a .... Il porte .... pour se protéger du soleil. .... de lui, on voit ...., des maisons et des collines. C'est un grand ....

· 도움 어휘 ·

en face, au bord, pêcheur(m.), port(m.), bateau(m.), chapeau(m.)
soleil(m.), vent(m.), pluie(f.), attendre

III 다음 예시문과 같이 여러분도 자신의 동네나, 대학, 집 등을 묘사해 보시오.

Le quartier latin

Depuis le 12ème siècle, le Quartier latin est le quartier des étudiants. Aujourd'hui encore, c'est un quartier très fréquenté par les étudiants et les professeurs : il y a toujours plusieurs universités, des grandes écoles et des lycées. De plus, des librairies spécialisées permettent de trouver presque n'importe quel livre neuf ou d'occasion. On trouve aussi beaucoup de cafés, de restaurants pas trop chers, et plusieurs petits cinémas.

*livre d'occasion : 헌책

<Mon quartier / mon université / ma maison>

....

....

....

....

GRAMMAIRE

1 축약관사 : au, aux, du, des

- à + le → au — Je vais au cinéma.
- à + les → aux — Il va aux Etats-Unis.
- de + le → du — Séoul est la capitale du pays.
- de + les → des — C'est le quartier des étudiants.

2 장소 전치사(구)

- sur, dans, sous, devant, derrière
- au bout de, au milieu de, au bord de, au fond, au sommet de, à travers, jusqu'à, au-dessus de, au-dessous de

3 색깔 형용사

blanc/blanche, noir/e, brun/e, gris/e, bleu/e, vert/e, violet/te, jaune, rouge, orange

4 근접과거 : venir de + inf.

Je viens d'arriver.

5 대명동사 : se coucher, se promener, se briser, s'allumer

	se coucher	se promener
Je	me couche	me promène
Tu	te couches	te promènes
Il/Elle	se couche	se promène
Nous	nous couchons	nous promenons
Vous	vous couchez	vous promenez
Ils/Elles	se couchent	se promènent

6 불규칙동사 : voir, venir, attendre, apercevoir, vouloir

	voir	venir	attendre	apercevoir	vouloir
Je	vois	viens	(J')attends	(J')aperçois	veux
Tu	vois	viens	attends	aperçois	veux
Il/Elle	voit	vient	attend	aperçoit	veut
Nous	voyons	venons	attendons	apercevons	voulons
Vous	voyez	venez	attendez	apercevez	voulez
Ils/Elles	voient	viennent	attendent	aperçoivent	veulent

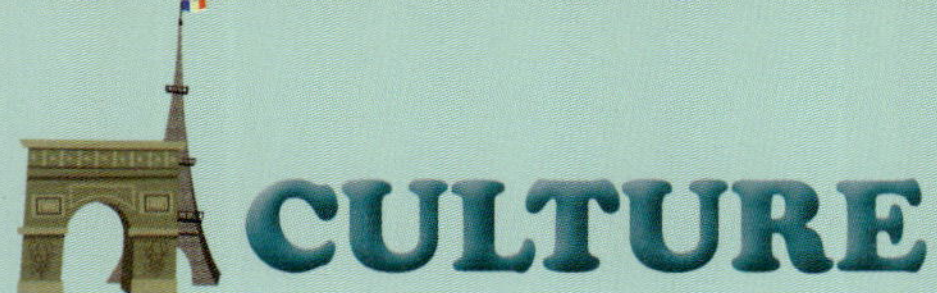

Ville et place : Saint-Malo

Leçon 3

Vous êtes à pied ou en voiture?

■ **학습목표**
길 묻고 대답하기

■ **문법**
명령법

■ **어휘**
방향, 길 설명

I 다음 예시문은 이동수단 및 소요시간을 표현하는 글이다.

Dans ma ville, il y a beaucoup d'espaces verts et de pistes cyclables. Donc, pour aller à la fac, je prends souvent mon vélo et j'y arrive en 20 minutes. Mais s'il pleut, je préfère prendre le tram. En tram, je mets 15 minutes. Et si j'y vais à pied, il me faut 45 minutes, mais c'est une promenade agréable.

어휘

une piste cyclable 자전거 전용로
aller en tram, en train, en voiture, en avion, à(en) vélo, à pied
prendre son vélo, un taxi, sa voiture
Il faut(falloir) qc/qn à qn ...에게 ...가 필요하다.
arriver à la faculté(= y arriver) 학교에 도착하다.

II 밑줄친 곳에 알맞은 말을 넣어 글을 완성하시오.

도움 어휘

en, beaucoup, aller, à, sur, prendre, jusqu'au, à côté de, tout droit, devant

(1) 프랑스에 처음 도착한 Kathy는 관광안내소로 가려고 한다.

Kathy est américaine. Elle vient .... France, ... Strasbourg pour la première fois. Elle se trouve avenue Thiers et elle voudrait .... à l'Office du Tourisme. Kathy aime .... les voyages. L'Office du Tourisme donne des renseignements .... la ville et les activités possibles. Mais Kathy ne connaît pas le chemin : elle demande des renseignements à un homme.

(2) 한 남자가 관광안내소로 가는 길을 설명한다.

.... le bus. Vous pouvez .... le numéro 1 ou le numéro 2. Vous allez .... terminus, place du Soleil Levant. Vous descendez du bus et vous passez .... l'église Notre Dame de la Vigne. Vous continuez .... jusqu'au boulevard Carnot. C'est au numéro 25. C'est facile ! Si vous voulez, je vous accompagne, j'habite .... l'Office du Tourisme.

(3) 위의 내용을 참고하여 서울역에서 여러분의 집으로 가는 길을 묘사해 보시오.

....

....

....

....

....

III 다음은 Pauline가 Nathalie를 집에 초대하기 위해 집 위치를 설명하는 이메일이다.

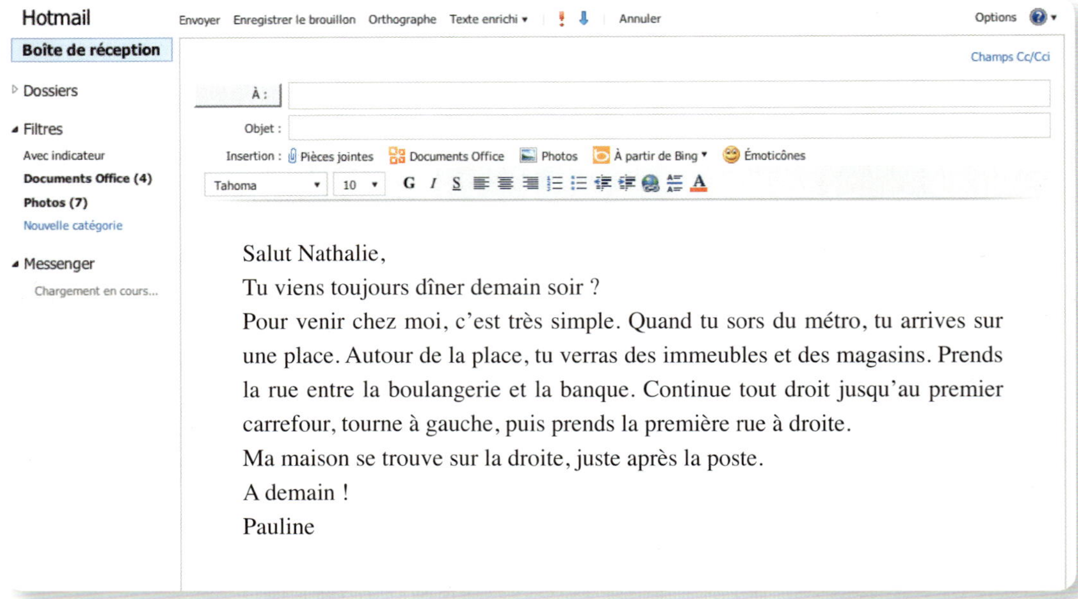

Salut Nathalie,

Tu viens toujours dîner demain soir ?

Pour venir chez moi, c'est très simple. Quand tu sors du métro, tu arrives sur une place. Autour de la place, tu verras des immeubles et des magasins. Prends la rue entre la boulangerie et la banque. Continue tout droit jusqu'au premier carrefour, tourne à gauche, puis prends la première rue à droite.

Ma maison se trouve sur la droite, juste après la poste.

A demain !

Pauline

여러분은 아래 지도에 표시된 Rue de Rivoli에 있는 Café Richelieu에서 친구와 만나려고 합니다. 위의 내용을 참고하여 친구에게 약속장소의 위치를 설명하는 메일을 써 보시오.

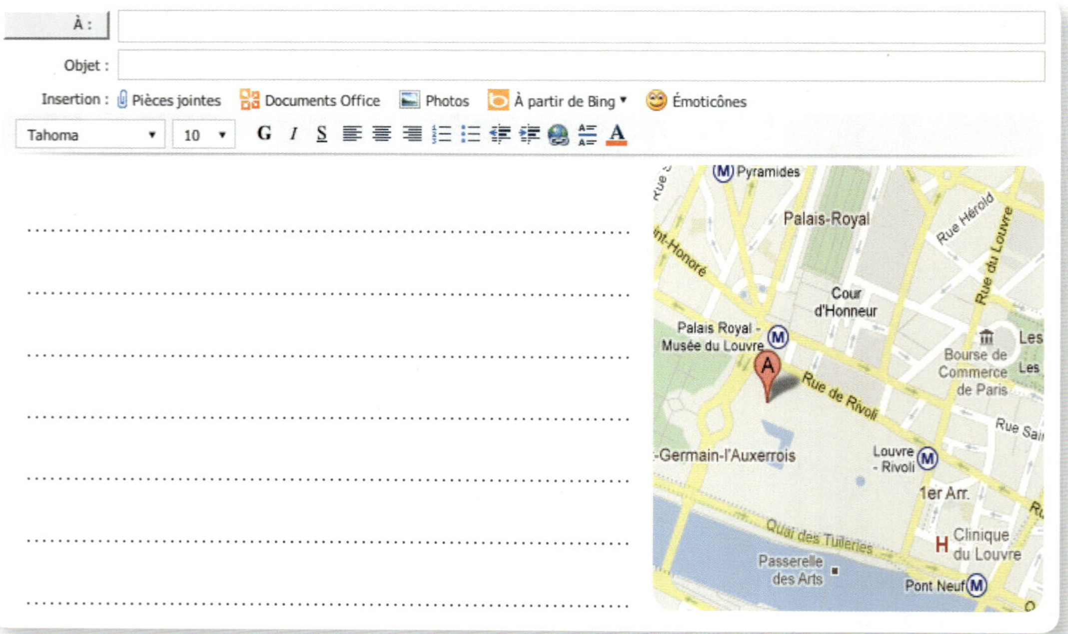

GRAMMAIRE

1 명령법(impératif)

원형동사	tu	nous	vous
prendre	prends	prenons	prenez
envoyer	envoie	envoyons	envoyez
avoir	aie	ayons	ayez
être	sois	soyons	soyez
savoir	sache	sachons	sachez
vouloir	veuille	veuillons	veuillez
aller	va	allons	allez

2 전치사, 장소의 부사와 여러 가지 표현들

en face de	sur la droite
à côté de	sur la gauche
au carrefour	près d'ici
au coin de la rue	loin d'ici
au bout de la rue	entre A et B
au rond-point	à 300 mètres d'ici

3 길 설명을 위한 여러 가지 표현들

Prenez la rue / l'avenue

Empruntez la route nationale

Continuez tout droit jusqu'au feu

Continuez jusqu'au rond-point

Continuez jusqu'au bout

Continuez tout droit jusqu'à la station-service

Tournez à gauche / à droite

Traversez l'avenue / le boulevard / la route / le pont / la place

Passez sous la voie ferrée

Demandez à nouveau à quelqu'un, parce que c'est un peu compliqué.

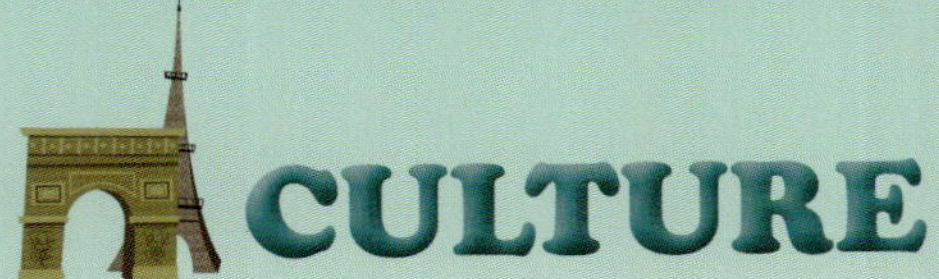

CULTURE

Billet de train SNCF

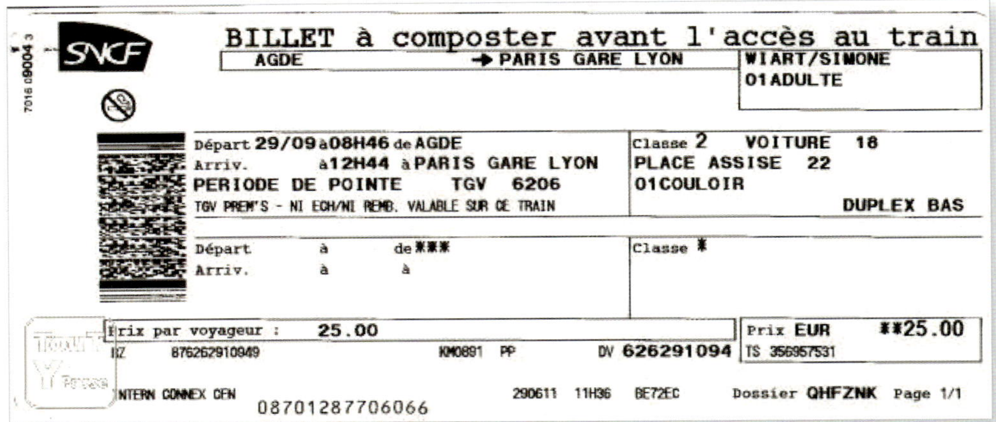

SNCF
BILLET à composter avant l'accès au train
AGDE → PARIS GARE LYON
WIART/SIMONE
01 ADULTE
Départ 29/09 à 08H46 de AGDE
Arriv. à 12H44 à PARIS GARE LYON
PERIODE DE POINTE TGV 6206
TGV PREM'S - NI ECH/NI REMB. VALABLE SUR CE TRAIN
Classe 2 VOITURE 18
PLACE ASSISE 22
01 COULOIR
DUPLEX BAS
Départ à de ***
Arriv. à à
Classe *
Prix par voyageur : 25.00
BZ 876262910949 KM0891 PP DV 626291094
Prix EUR **25.00
TS 356957531
INTERN CONNEX CFN 08701287706066 290611 11H36 BE72EC Dossier QHFZNK Page 1/1
7016 09004 3

Ticket de métro

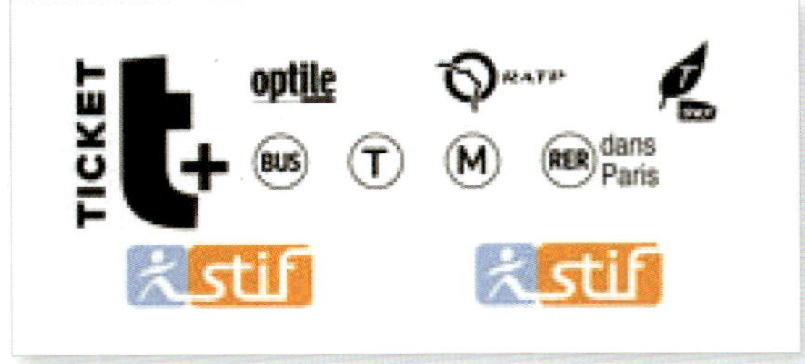

Navigo

Leçon 4

Qu'est-ce que vous faites ?

■ **학습목표**
일과표 작성, 계획세우기

■ **문법**
직설법 미래

■ **어휘**
시간 표현

I 다음은 Juliette의 일과를 적은 것이다. 응용하여 여러분들의 일과를 적어보시오.

	20 lun	21 mar	22 mer	23 jeu	24 ven	25 sam	26
8h							
9h							
10h						Marché Neudolf	
11h	Bureau	Bureau	Bureau		Bureau		
12h							
13h	Déjeuner avec Yves		RDV prof	Déplacement professionnel à Lyon	Dentiste		
14h							
15h	Réunion				Bureau		
16h	RDV client	Bureau	Bureau				
17h							
18h	Courses			Piscine	Gym		
19h		Gym	cours d'anglais				
20h	Soirée maison	Soirée maison			Emission de télé Thalassa	Dîner chez Marie avec Marc	
21h							
22h							

En semaine, Juliette travaille toute la journée, de 9 heures à 13 heures, et de 14 heures à 18 heures. Après le travail, le lundi, elle fait quelques courses avant de rentrer chez elle. Le mardi, elle fait du sport dans un club de gym à partir de 19 heures. Le mercredi, de 19h à 20h, elle a un cours d'anglais dans un institut de langues. Le jeudi soir, elle fait de la natation. Et le vendredi, elle rencontre souvent des amis, sinon elle regarde la télévision.

II 다음 그림을 보고 빈 칸에 알맞은 말을 넣어 글을 완성하시오(미래형 사용).

Le week-end prochain, elle .... à une amie en Normandie. Elle .... le train samedi matin et son amie .... la chercher à la gare de Rouen. L'après-midi, elles .... la vieille ville, la cathédrale, la place du Marché, et .... dans les rues piétonnes. Le soir, elles .... chez des amis. Dimanche matin, elles .... tôt et .... en voiture jusqu'à la mer. Elles .... d'abord à Honfleur, et .... dans un petit restaurant. Puis elles .... le Pont de Normandie et .... la route le long de la mer jusqu'aux falaises d'Etretat. Là, elles .... sur le sentier côtier pour admirer le superbe panorama. Enfin, après avoir pris un café près de la plage, elles .... à Rouen et Juliette .... le train pour rentrer.

도움 어휘

prendre, marcher, visiter, venir, partir, traverser, dîner, aller
rendre visite, flâner, se lever, déjeuner, suivre, retourner

III 다음은 여행사의 광고문이다.

Comment visiter la ville

Découvrir NICE vous amène à éprouver des plaisirs variés : les couleurs, les senteurs, les panoramas, l'animation des marchés, la richesse des musées. Vous ferez une promenade en pleine mer, prendrez un peu de repos dans les parcs et jardins. Vous pourrez goûter des spécialités locales. Et enfin, pour vous distraire, tout un programme de manifestations vous attend.

* 주어진 어휘를 참고하여 제주도에 관한 광고문을 미래형을 사용하여 만들어 보시오.

아열대 지역, 한라산 1950m, 귤, 파인애플, 오렌지,
유채꽃, 억새, 바람, 돌, 해녀 등…

....

....

....

....

....

....

도움 어휘

la péninsule coréenne, la région subtropicale, les mandarines, les ananas, les oranges, le colza, les eulalias, les pierres, les femmes plongeuses(Haenyeo)

1 직설법미래

동사원형(-r)+미래형 어미(ai, as, a, ons, ez, ont)

1군과 2군 동사는 동사원형이 어간이 된다.

(1) 1군동사

visiter

Je visiterai	Nous visiterons
Tu visiteras	Vous visiterez
Il/Elle visitera	Ils/Elles visiteront

(2) 2군동사

partir

Je partirai	Nous partirons
Tu partiras	Vous partirez
Il/Elle partira	Ils/Elles partiront

(3) 불규칙 동사

venir

Je viendrai	Nous viendrons
Tu viendras	Vous viendrez
Il/Elle viendra	Ils/Elles viendront

être	je ser-ai	vous ser-ez	faire	je fer-ai	vous fer-ez
avoir	j'aur-ai	vous aur-ez	aller	j'ir-ai	vous ir-ez

2 시간

douze heures	12h	midi
zéro heure	0h	minuit
neuf heures quinze	9h 15	neuf heures et quart
dix heures trente	10h 30	dix heures et demie
onze heures quarante-cinq	11h 45	midi moins le quart
dix-sept heures cinq	17h 05	cinq heures cinq (de l'après-midi)
dix heures cinquante	10h 50	onze heures moins dix

CULTURE

Fêtes

Noël

le 14 juillet

Mardi gras

Leçon 5

Je cherche un logement.

- **학습목표**
  집 구하기, 광고문 읽기, 편지 쓰기
- **문법**
  도치형 의문문, 제롱디프, 복합과거
- **어휘**
  주택 관련 어휘

I 다음 광고문(petites annonces)을 보고 주택 관련 어휘를 알아봅시다.

(A)

Plein centre
À louer F2 60m² meublé
ds imm. récent. 2 pièces, cuis. équipée, sdb, WC.
Chauff. collectif gaz
Loyer 850 euros + charges 80 euros
Tél. 04 26 31 54 56 (M. Dupont)

(B)

Part. loue beau F3 rénové
2 ch., gd salon. Chauff. élect.
1300 euros charges comprises
Libre de suite
Tél. 01 58 61 65 80 le soir (Mme Legrand)

(C)

À louer studio 15m², 6ème étage
proche métro
600 euros c.c.
Agence Loc'appart 04 25 55 25 52

어휘

F2 (un) appartement à 2 pièces
F3 (un) appartement à 3 pièces
imm. (un) immeuble
cuis. (une) cuisine
sdb (une) salle de bain
ch. (une) chambre
part. (un) particulier
ds dans
gd grand
chauff. élect. (le) chauffage électrique
c.c. charges comprises
de suite tout de suite, immédiatement

II 다음은 광고문 (A)를 정상적인 문장으로 옮겨 적은 것이다. 잘 보고 (B)와 (C)도 옮겨 보시오.

(A)

En plein centre, il y a un F2 (60m²) à louer. C'est un appartement meublé dans un immeuble récent. Il a 2 pièces, une cuisine équipée, une salle de bain et des toilettes. Le chauffage à gaz est collectif. Le loyer est de 850 euros et les charges sont de 80 euros. Pour nous contacter, téléphonez au 04 26 31 54 56.

(B)

....

....

....

(C)

....

....

....

III 다음은 1번의 광고문 (a)에 대해 문의하는 편지이다. 잘 읽고 광고문 (A), (B)에 대해 문의하는 편지를 써보시오.

Paris, le 5 avril 2011

Madame, Monsieur,

J'ai lu votre annonce pour un studio de 15m² à louer au centre-ville, et j'aimerais avoir quelques informations supplémentaires : est-il ensoleillé ? Donne-t-il sur la rue ou sur la cour ? Le chauffage est-il inclus dans les charges ? Y a-t-il un ascenseur ? Est-il possible de le visiter le week-end ? En effet, j'habite à Bruxelles et je ne pourrai pas venir en semaine.

Dans l'attente de votre réponse, je vous prie d'agréer, Madame, Monsieur, l'expression de mes sincères salutations.

Hugo Lambert

어휘

donner sur …를 향해 나다.
en semaine 주중에
être inclus 포함되다.
Je vous prie d'agréer l'expression de mes sincères salutations 편지 끝에 쓰는 경구.

III-1 광고문 (A)에 대해 다음 내용으로 편지를 써보시오.

〈질문 사항〉
1. 아파트가 몇 구역에 위치해 있는지 알고 싶다.
2. 전철역이 집에서 가까운지 알고 싶다.
3. 아파트가 건물 몇 층에 위치해 있는지 알고 싶다.

Lyon, le 1er mai 2011

Monsieur,

J'ai lu votre annonce pour un F2 de 60m² meublé à louer. Cet appartement m'intéresse et j'aimerais avoir quelques informations supplémentaires.

....

....

....

....

J'aimerais visiter l'appartement le plus tôt possible.

En attendant de vous lire bientôt, je vous prie d'agréer, Monsieur, l'expression de mes salutations distinguées.

Alice Lepin

III-2 광고문 (B)에 대한 편지를 써보시오.

〈질문 사항〉
1. 아파트에 가구가 갖추어져 있는지 알고 싶다.
2. 집세가 너무 비싸니 1100 €(euro)로 조정이 가능했으면 좋겠다.
3. 차고가 있는지? 만일 없다면 어디에 주차해야 하는지 알려 달라.
4. 아파트 방문은 주말에 가능한지?

....

....

....

....

GRAMMAIRE

1 도치형 의문문

(1) 단순도치형

Est-il ensoleillé ?

Y a-t-il un ascenseur ?

(2) 복합도치형

Le chauffage est-il inclus dans les charges ?

2 제롱디프(le gérondif) : en + -ant(현재분사)

En attendant de vous lire bientôt, je vous prie d'agréer, Monsieur, l'expression de mes salutations distinguées.

3 복합과거(le passé composé) : avoir/être(현재형) + p.p.(과거분사)

J'ai lu votre annonce.

Nous sommes allés dans une agence immobilière.

- Être를 조동사로 취하는 복합과거에서 과거분사는 주어의 성 · 수에 일치한다.
- Être를 조동사로 취하는 동사 : ① aller, venir, partir, arriver, monter, descendre, entrer, sortir, naître, mourir, rester, tomber, retourner 등 ② 대명동사

4 주택 관련 어휘

un appartement/une maison individuelle/un HLM (Habitation à Loyer Modéré)

un F2 방 2개짜리 아파트

un studio 원룸

une salle de séjour / un salon 거실

une salle de bain 욕실

une chambre 침실

une cuisine 부엌

un couloir 복도

des toilettes 화장실

un lavabo 세면대

une cave 지하실

un garage / un parking 주차장

CULTURE

프랑스 주택 유형 : une maison individuelle
un immeuble avec des appartements
un HLM
une villa, un chalet

아파트의 내부 구조 : l'entrée/le couloir/le salon/des chambres/la cuisine/
la salle de bains/les toilettes

Leçon 6

Je t'invite à mon anniversaire.

Je t'invite à mon anniversaire

Le ....
De .... à ....
Mon adresse ....
....

Merci de me confirmer ta présence.
Mon tél : ....

- **학습목표**
  제안하기, 승낙하기, 거절하기
- **문법**
  관계대명사(qui, que)
- **어휘**
  초대 관련 어휘

I 다음은 생일에 친구들을 초대하는 메시지이다.

> Bonjour à tous,
>
> Je fête mon anniversaire samedi prochain chez moi à partir de 19 heures.
>
> Il y aura bien sûr un bon buffet, et de la bonne musique que vous aimerez tous.
>
> Alors, si ça vous dit, venez tous faire la fête entre amis, et danser toute la nuit !
>
> Didier

예시문을 참고하여 자신의 생일초대 메시지를 만들어 보시오.

....

....

....

....

....

....

....

....

도움어휘

l'anniversaire 생일
faire la fête 파티하다
inviter 초대하다
dresser le buffet 뷔페를 차리다
offrir(recevoir) un cadeau 선물을 주다(받다)
faire un cadeau de qc à qn ...에게 ...를 선물하다

II 다음은 Caroline 와 Laurent의 결혼식 초대장이다.

Carton d'invitation

Nous sommes heureux de vous annoncer notre mariage
qui aura lieu le 15 juin à 16 heures
à la mairie de La Rochelle.
Un apéritif suivra la cérémonie,
puis nous nous rendrons tous au Château de Lussac pour le dîner.
Caroline et Laurent

초대에 대한 긍정 대답

Chère Caroline, Cher Laurent,

Félicitations pour votre mariage ! Nous vous remercions de votre invitation qui nous a fait très plaisir. Nous serons ravis d'être avec vous ce jour-là. Avez-vous une liste de mariage dans un magasin ou une agence de voyages ? En attendant de vous revoir, portez-vous bien !

Céline et François

초대에 대한 부정 대답

Chère Caroline, Cher Laurent,

Je vous remercie de votre invitation. Malheureusement, je ne pourrai pas venir car, ce jour-là, j'ai une réunion familiale, prévue depuis longtemps. Mais soyez sûrs que je serai de tout coeur avec vous. Où avez-vous déposé votre liste de mariage ? Je vous souhaite à tous les deux beaucoup de bonheur !

Michel

위의 예시문을 참고하여 결혼식 초대에 대한 긍정 또는 부정 답장을 써보시오.

....

....

....

....

....

....

III 다음은 초대에 관한 글이다.

초대 메시지

Salut,
Tu es libre vendredi soir ? Ça te dirait de venir dîner à la maison ?
À bientôt !
Anne

초대를 수락하는 메시지

Bonjour Anne,
Je viendrai avec grand plaisir ! Qu'est-ce que je peux apporter : du vin ? le dessert ?
Bises,
Paul

다음 예시문을 참고하여 위의 저녁 초대에 거절하는 답장을 써 보시오.

Bonjour Anne,

Merci de ton invitation, c'est très sympa ! Malheureusement, je ne pourrai pas venir vendredi soir : je vais au théâtre avec une copine. Mais si tu veux, viens avec nous, c'est une pièce qui a l'air très intéressante. Et on dînera ensemble un autre soir ? Qu'en penses-tu?

Bises,
Claire

1 관계대명사(Les pronoms relatifs)

(1) **Qui** : 주격을 나타낸다.

- La fille danse. La fille est belle.
  → La fille qui danse est belle.
- Je regarde un film. Ce film m'intéresse.
  → Je regarde un film qui m'intéresse.

(2) **Que** : 목적격을 나타낸다.

- Le garçon est charmant. Je regarde ce garçon.
  → Le garçon que je regarde est charmant.
- Voilà une mini-jupe. J'adore cette jupe.
  →Voilà la mini-jupe que j'adore.

(3) **Quoi**

- Tu ne sais pas à quoi il pense
- C'est ce à quoi j'ai pensé toute la journée.

2 초대 관련 어휘

Vous êtes libre samedi ?

Qu'est-ce que tu fais samedi ?

Tu fais quelque chose de spécial dimanche ?

Si tu es libre demain, ...

Si ça te/vous dit de + inf.

Je vous invite à dîner à la maison.

Vous voulez venir dîner chez nous ?

Vous voulez aller dîner au restaurant ? Je vous invite.

Ça te dirait d'aller voir un film ?

C'est très gentil, mais...

Je suis vraiment désolé(e), mais je ne serai pas libre.
je ne pourrai pas.
J'ai du travail.

Je regrette, mais je ne peux pas/ce n'est pas possible.

Je te/vous remercie(beaucoup), mais je suis déjà pris(e).

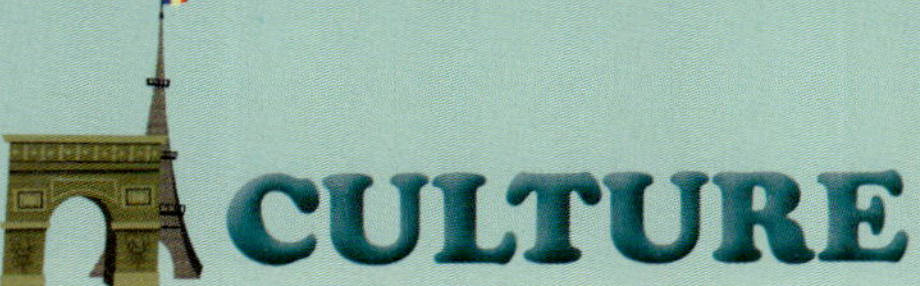
CULTURE

Faire-part

Baby

Le livre de Bébé
Notre jolie petite fille est née
en ce matin du 10 Mai 2010.
Elle porte le doux prénom de
Elise
Elle fait naître des brassées d'amour autour d'elle!
Ses frères sont sous le charme,
avec eux nous goûtons ce nouveau grand bonheur!
illustré par SOPHIE ADDE

Leçon 7

Je vais en France.

■ **학습목표**

여행 계획 세우기, 예약하기

■ **문법**

관계대명사(dont, où), je voudrais savoir si

■ **어휘**

호텔 관련 어휘

I 다음 예시문을 참고하여, II에서 주어진 조건에 맞추어 여행 계획을 세워보시오.

Je compte aller en France pour un an comme étudiant d'échange. J'ai déjà passé un entretien et je saurai le résultat la semaine prochaine. Comme université, j'ai choisi la Sorbonne (Paris IV). Paris est une ville dont je rêvais depuis longtemps !
Si tout va bien, j'ai l'intention de partir en juillet ou début août pour faire un stage de français avant la rentrée. Pendant mon séjour, je voudrais visiter beaucoup de musées et aller aussi à Giverny où se trouve le jardin de Claude Monet.

어휘

compter + inf./ avoir l'intention de inf. … 하려고 한다. … 할 계획이다.
un étudiant d'échange 교환학생
un entretien 인터뷰
comme …로, … 로서
faire un stage de langue 어학연수를 받다.
la rentrée 개학
un séjour 체류

II 여러분은 친구과 함께 유럽 여행을 가려고 합니다. 다음 일정에 맞추어 여행 계획을 세워보시오.

〈일정〉
서울 출발 : 7월 15일
여행지 및 체류기간 : 파리(1주일), 런던(1주일), 로마(1주일), 파리(3일)
서울 도착 : 8월 7일

Nous allons réserver des billets aller-retour Incheon-Charles de Gaulle et acheter des Europass. Nous partirons le 15 juillet pour Paris. Nous pensons visiter trois villes importantes d'Europe : Paris, Londres et Rome.

À Paris, ...

....

À Londres, ...

....

À Rome, ...

....

Nous ferons des achats à l'aéroport avant de prendre l'avion. Nous arriverons à Séoul le 7 août.

도움 어휘

penser + inf., faire des achats, visiter la chapelle Sixtine du Vatican/ le musée du Louvre/ le palais de Buckingham/ le Colisée, prendre le bateau-mouche, se promener sur les quais de la Seine/ dans Hyde Park, faire une croisière sur la Tamise

III 방을 구하는 다음 메일을 참고하여 여러분도 메일을 작성해보시오.

Madame, Monsieur,
Mes amies et moi avons l'intention de passer le dernier week-end de juin au Mont-Saint-Michel dont j'ai beaucoup entendu parler. Nous avons consulté votre site Internet où nous avons vu de belles photos de votre hôtel. Nous aimerions réserver deux chambres à deux lits avec vue sur la mer, du vendredi soir au dimanche midi. Et je voudrais savoir si le petit-déjeuner est inclus dans le prix des chambres et si vous disposez d'un parking.
J'attends de vos nouvelles.
Sincères salutations,
Delphine Martin

어휘

une chambre simple, une chambre double, une chambre avec un grand lit, une chambre avec deux lits, une chambre avec vue sur la mer, donner sur

〈구하는 집〉
길거리로 나있지 않은 조용한 방
문의 사항 : 욕실이 있는지와 주차 가능성

Madame, Monsieur,

J'ai l'intention de passer le week-end du 22-23 juillet à Tours.
J'ai trouvé votre pension sur un site Internet.

....

....

....

....

....

1 관계대명사 dont

Paris est une ville. Je rêvais de cette ville depuis longtemps.
→ Paris est une ville dont je rêvais depuis longtemps.

2 관계대명사 où

- Je voudrais aller à Giverny. À Giverny se trouve le jardin de Claude Monet.
  → Je voudrais aller à Giverny où se trouve le jardin de Claude Monet.
- Nous avons consulté votre site Internet. Sur ce site, nous avons vu de belles photos de votre hôtel.
  → Nous avons consulté votre site Internet où nous avons vu de belles photos de votre hôtel.

3 avoir l'intention de + inf./ compter + inf./ penser + inf.

- J'ai l'intention de partir en juillet pour faire un stage de français.
- Je compte aller en France pour un an comme étudiant d'échange.
- Nous pensons visiter Paris, Londres et Rome.

4 Je voudrais (j'aimerais) savoir si

Je voudrais savoir si le petit-déjeuner est inclus dans le prix des chambres et si vous disposez d'un parking.

5 호텔 관련 어휘

une chambre double/ simple 2인용/ 1인용 방
une suite 스위트 룸
un lit double/ simple 더블/ 싱글 침대
une douche 샤워 (시설)
une salle de bain 욕실
la climatisation 실내온도조절
la connexion internet 인터넷 연결
une fiche de renseignements 고객 카드
la réception 안내/접수 데스크
le registre de l'hôtel 숙박부
une réservation 예약
un réveil téléphonique 모닝 콜

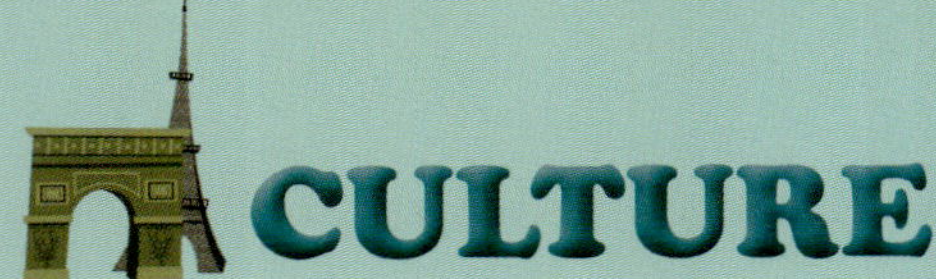

Fiche de réservation

Nom :

Prénom :

Jour d'arrivée :

Jour de départ :

Nombre de chambres :

- simple :   - double :
- avec un grand lit :   - avec deux lits jumeaux :

Nombre d'adultes :

Nombre d'enfants :

Leçon 8

Quand j'étais petit...

■ **학습목표**
이야기하기, 회상하기

■ **문법**
반과거, 대과거

■ **어휘**
사건 묘사

I 다음은 날씨와 관계된 인터넷 신문기사 내용이다.

JAC 117
Rubrique : Actualité catastrophes
Auteur : Jo Laengy
http://www.iutcolmar.uha.fr/jac/

18 août - Belgique - Orage meurtrier

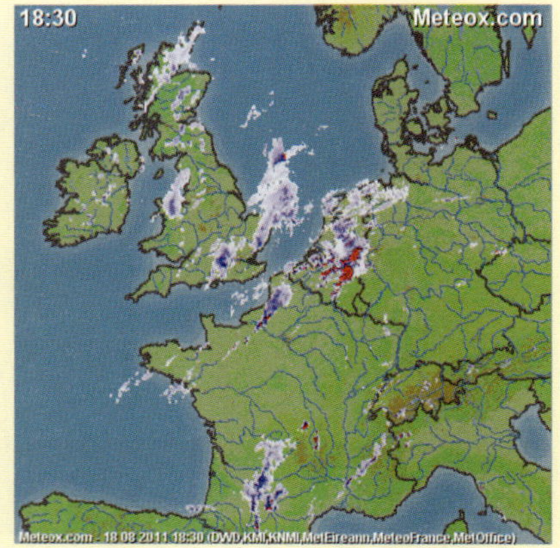

Un très violent orage s'est abattu sur la région de Hasselt où avait lieu un festival de rock "Pukkelkop" à Kiewit. Des milliers de personnes - entre 60000 et 65000 - étaient rassemblées à cet endroit. L'orage s'est déclenché vers 21h arrachant des arbres, les scènes et les chapiteaux érigés pour les besoins du festival.
Malgré la brièveté de la tempête, le bilan est lourd : deux morts et une quarantaine de blessés dont une dizaine grièvement. La suite du programme a été annulée par les organisateurs.

위의 기사를 참고하여 최근에 일어난 사건을 기사로 작성해 보시오.

....

....

....

....

....

....

....

II 아래 내용은 어린시절을 회상하는 이야기이다.

Souvenir

Quand j'étais petit, j'allais chez mes grands-parents pendant les vacances. Ils habitaient à la campagne et j'aimais beaucoup rester chez eux. Mes cousins venaient aussi et nous nous amusions beaucoup. Nous nous déguisions souvent avec des vieux vêtements que ma grand-mère avait rangés dans le grenier. Un jour, nous avons monté une pièce de théâtre que nous avons jouée devant nos grands-parents et leurs voisins.

아래 내용을 복합과거와 대과거를 이용해서 이야기를 만들어 보시오.

Paris에서 여행을 마치고 귀국하기 위해 아침에 일찍 일어나 택시를 타고 공항에 갔으나 여권을 호텔에 두고 온 사실을 알게되었다. 결국 Paris에서 3일을 더 머무르게 되었다.

....

....

....

....

....

도움어휘

se lever tôt, aller à l'aéroport, prendre l'avion, enregistrer, trouver le passeport, payer, oublier, rentrer, rester

III 다음은 꿈 이야기를 묘사한 글이다.

Cauchemar

La nuit dernière, j'ai fait un mauvais rêve : j'avais un examen à l'université, mais je me suis levée trop tard parce que mon réveil n'avait pas sonné. Je me suis dépêchée, j'ai pris le bus mais il y avait des embouteillages ! Et quand je suis enfin arrivée dans la salle de cours, les autres étudiants travaillaient déjà. Je me suis assise, j'ai sorti mes affaires de mon sac, mais j'avais oublié ma trousse : je n'avais pas de stylo ni de crayon! J'ai demandé un stylo à mon voisin, mais il ne m'entendait pas...

과거(반과거, 복합과거, 대과거)를 이용하여 여러분도 기억나는 꿈이야기를 써 보시오.

1 반과거(l'imparfait)

1인칭 복수(**nous**) 어간 +반과거형 어미

	1군 동사	2군 동사	3군 동사
Je	mangeais	finissais	faisais
Tu	mangeais	finissais	faisais
Il/Elle	mangeait	finissait	faisait
Nous	mangions	finissions	faisions
Vous	mangiez	finissiez	faisiez
Ils/Elles	mangeaient	finissaient	faisaient

♣ 특수형

être : j'étais (nous sommes)

(1) 과거에 진행된 행위나 상태를 나타낸다.

Maintenant, je travaille. Je gagne bien ma vie.

Mais avant, je ne travaillais pas. Je ne gagnais pas ma vie.

(2) 과거에 반복된 행위나 습관을 나타낸다.

Chaque année, je partais en vacances à la mer.

Quand j'étais jeune, je faisais du piano.

2 대과거(le plus-que-parfait)

Être/Avoir 반과거 + 과거분사

	manger	sortir
Je	avais mangé	étais sorti(e)
Tu	avais mangé	étais sorti(e)
Il/Elle	avait mangé	était sorti(e)
Nous	avions mangé	étions sorti(e)s
Vous	aviez mangé	étiez sorti(e)s
Ils/Elles	avaient mangé	étaient sorti(e)s

과거의 어떤 행위 이전에 일어난 다른 행위를 표현한다.

Quand je suis arrivé chez elle, elle était déjà partie.

Quand tu as quitté l'université, tu avais déjà trouvé du travail.

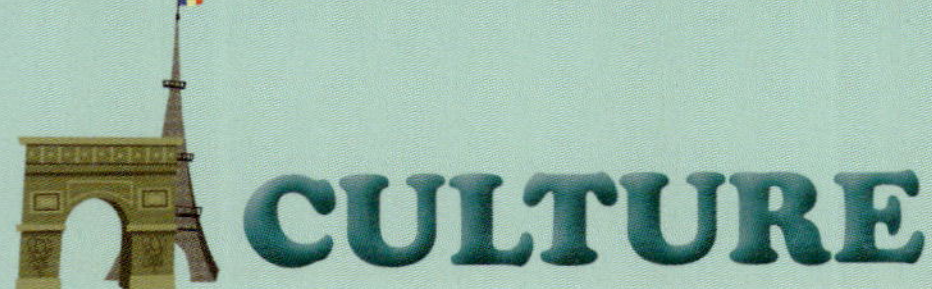

La presse française

Leçon 9

Pour rester en bonne santé, que faut-il faire ?

■ **학습목표**

건강 상태 표현, 과거에 일어난 일 묘사

■ **문법**

명령법(l'infinitif), 수동태, 지시대명사 celui/celle

■ **어휘**

건강 관련 어휘, 음식 어휘

I 건강을 지키기 위해 어떻게 해야 할지 다음 예시문의 부정법(l'infinitif)을 참고하여 말해보시오.

Toutes les femmes veulent être minces et jolies. Pourtant, celles qui grignotent entre les repas, ou mangent trop de sucreries, prendront du poids peu à peu et celles qui ne mangent pas assez auront des vertiges et tomberont malades.

Voici donc quelques conseils pour maigrir ou rester mince :

- manger régulièrement,
- éviter les aliments gras ou sucrés tels que les gâteaux ou les glaces,
- ne pas boire de boissons sucrées,
- faire du sport, ou marcher au moins 30 minutes par jour.

Si nous suivons bien ces recommandations, nous resterons toutes en pleine forme et en bonne santé !

어휘

tomber malade 병이 나다
avoir des vertiges 현기증이 나다
être en bonne santé 건강하다
être en pleine forme 원기왕성하다
rester mince 날씬한 몸매를 유지하다

Pour rester en bonne santé, qu'est-ce qu'il faut faire ?

l'alcool ? ➔ ……………………………………………………

l'eau ? ➔ ……………………………………………………

les cigarettes ? ➔ ……………………………………………………

le sommeil ? ➔ ……………………………………………………

le travail ? ➔ ……………………………………………………

le stress ? ➔ ……………………………………………………

les sorties avec des amis ? ➔ ……………………………………………………

II 예시문을 참고하여 주어진 글을 완성하시오.

Hier matin, je ne me sentais pas bien : j'avais de la fièvre, je toussais, j'avais mal à la tête et mal au ventre. Donc j'ai décidé d'aller chez le médecin. Comme je n'avais pas de rendez-vous, j'ai dû attendre longtemps. Finalement, ce n'était pas grave : le médecin m'a fait une ordonnance, je suis allé à la pharmacie et j'ai pris les médicaments prescrits. Aujourd'hui, je ne suis pas encore guéri, mais je vais beaucoup mieux.

La semaine dernière, ma soeur Annie est allée au mariage de sa meilleure amie. Après la cérémonie, un grand repas attendait les invités.

Ma soeur ....

Alors, elle ....

Le médecin l'a auscultée et il a dit : ....

Aujourd'hui, elle ....

III 다음 예시문을 참고하여 그림에 나타난 사건을 기술해보시오.

Un piéton a été renversé par une voiture, pendant qu'il traversait un passage-piéton. Il a été heurté violemment à la tête et a perdu connaissance.
La voiture a voulu s'enfuir, mais elle a été rattrapée par un motard qui avait vu l'accident. Dans la voiture, il y avait deux hommes. Celui qui conduisait la voiture a été arrêté et sera jugé pour «délit de fuite».

Qu'est-ce qui s'est passé ?

(Un motard vole un sac à une jeune fille.)

(Une jeune fille avec un bras dans le plâtre)

....

....

....

....

....

....

어휘

perdre connaissance, un délit de fuite, se casser le bras, avoir le bras dans le plâtre

1 부정법(l'infinitif) : 명령의 의미로 사용할 수 있다.

- Manger régulièrement.
- Éviter les aliments gras ou sucrés.
- Ne pas boire de boissons sucrées.
- Faire du sport, ou marcher au moins 30 minutes par jour.

2 수동태 : être + p.p.

- Une voiture a renversé un piéton.
  → Un piéton a été **renversé** par une voiture.
- Un motard a rattrapé la voiture.
  → La voiture a été **rattrapée** par un motard.
- On a arrêté l'homme qui conduisait la voiture et on le jugera pour «délit de fuite».
  → L'homme qui conduisait la voiture a été **arrêté** et sera **jugé** pour «délit de fuite».

3 지시대명사 celui/celle

- Dans la voiture, il y avait deux hommes. Celui (= l'homme) qui conduisait a été arrêté et sera jugé pour «délit de fuite».
- Toutes les femmes veulent être minces et jolies. Pourtant, celles (= les femmes) qui grignotent entre les repas, ou mangent trop de sucreries, prendront du poids peu à peu et celles (= les femmes) qui ne mangent pas assez auront des vertiges et tomberont malades.

4 건강, 음식 관련 어휘

une carte vitale/ un carnet de santé 건강 수첩
une assurance médicale 의료보험
l'apéritif 식전 술/ la bière 맥주/ le vin (blanc, rosé, rouge) 포도주
la boisson 음료
l'eau 물
le jus de fruit 과일 쥬스
le lait 우유
le fromage 치즈
un légume 채소
le dessert : un gâteau 케이크/ une glace 아이스 크림/ un yaourt 요플레
le riz 밥
un oeuf 달걀
la salade 살라드
le surgelé 냉동식품

CULTURE

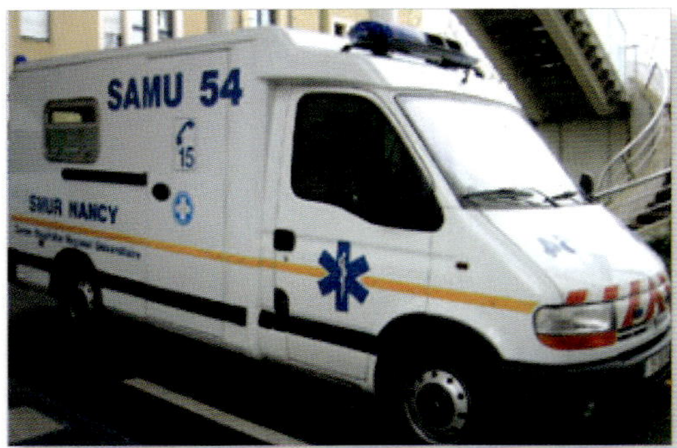

◀ Le SAMU(긴급의료 구급대)

une pharmacie ▶

▲ un centre médical

▲ un hôpital public

Leçon 10

Qu'est-ce que tu ferais à ma place ?

- **학습목표**
  결정하기
- **문법**
  조건법, 비교급
- **어휘**
  비교표현, 조건표현

I 내년에 프랑스로 유학을 갑니다. 그런데 대학 기숙사에서 살아야할지, 아니면 하숙을 해야 할지 선택해야 합니다. 아래 예시문을 참고하여 글을 완성하시오.

Si j'habite seul dans un appartement, je serai plus libre : je mangerai ce que je voudrai et je regarderai la télé à l'heure qui me plaira.
Mais je me sentirai aussi un peu seul. En revanche, si je choisissais la colocation, je pourrais partager les repas avec mes colocs, ce serait plus amusant. De plus, le loyer reviendrait moins cher, l'espace paraîtrait plus grand et si on partage bien les tâches ménagères, tout le monde travaillera autant.

Habiter dans une résidence universitaire ou dans une famille?

Si j'habite dans .... , je serai .... ,

je mangerai .... , Mais je .... En revanche, si je choisissais .... , je pourrais ....

.... , ce serait plus confortable. De plus, ...

....

....

어휘

En revanche, alors que, tandis que 반면에
de plus 그 위에, 게다가
être en colocation 공동으로 세들다

II 다음 예시문을 참고하여 배행기와 배를 비교하는 문장을 만들어 보시오.

Métro, voiture ou tram ?

Le métro est plus rapide et moins polluant que la voiture. Si je prends le métro, je dois marcher davantage, mais si je prends ma voiture, je dois trouver une place de stationnement. Dans le métro, je peux lire alors qu'en voiture, je peux seulement écouter la radio.

Le métro et le tram sont tous les deux des transports en commun et se ressemblent beaucoup. Mais, comme le tram roule en surface, sa construction coûte beaucoup moins cher que le métro, et son accès est plus facile, surtout pour les personnes âgées ou handicapées.

어휘

plus/ moins... que, bon → meilleur, mauvais → plus mauvais, bien → mieux, mal → plus mal

여러분은 제주도에 가려고 합니다. 비행기(l'avion)나 배(le bateau)로 갈 수 있는데, 가격(le prix) 및 편안함, 속도 등을 비교하여 보시오.

....

....

....

....

....

....

....

....

III Étudier en France ou ailleurs?

Bonjour Lucie,

J'espère que tu vas bien? Qu'est-ce que tu fais ces jours-ci?

Moi, je réfléchis à mon avenir : j'hésite entre travailler immédiatement et poursuivre mes études. Si j'avais étudié le chinois, j'aurais pu partir en Chine où j'aurais trouvé facilement un travail. Mais comme ce n'est pas possible, je pense d'abord partir en Angleterre pour chercher un emploi ou un stage. Si j'en trouve un, cela me fera une première expérience à l'étranger ; si je n'en trouve pas, je rentrerai en France pour commencer un master.

Qu'en penses-tu? Que ferais-tu si tu étais à ma place?

Je t'embrasse,

Cécile

예시문을 참고하여, 부모님이나 친구들에게 미래계획에 대한 의견을 묻는 메시지를 만들어 보시오.

....

....

....

....

....

....

....

....

....

1 조건법 현재 : 현재 사실에 반대 되는 가정

직설법미래형 어간 + 직설법반과거 어미

	avoir	être	aimer	finir
Je(J')	aurais	serais	aimerais	finirais
Tu	aurais	serais	aimerais	finirais
Il/Elle	aurait	serait	aimerait	finirait
Nous	aurions	serions	aimerions	finirions
Vous	auriez	seriez	aimeriez	finiriez
Ils/Elles	auraient	seraient	aimeraient	finiraient

• **Si** + 직설법반과거, 조건법 현재

Si mes parents me voyaient, ils seraient fiers de moi.

※실현가능성이 희박한 가정에도 사용한다.

Si j'étais président, je supprimerais le service militaire.

2 조건법 과거 : 과거에 실현되지 않은 사실에 대한 가정

avoir/être 조건법 현재 + 과거분사

	aimer	venir
Je(J')	aurais aimé	serais venu(e)
Tu	aurais aimé	serais venu(e)
Il/Elle	aurait aimé	serait venu(e)
Nous	aurions aimé	serions venu(e)s
Vous	auriez aimé	seriez venu(e)s
Ils/Elles	auraient aimé	seraient venu(e)s

• **Si** + 직설법대과거, 조건법 과거

Si j'avais étudié sérieusement, je n'aurais pas raté mon examen.

Si j'avais su, je ne serais pas venu.

3 비교급 COMPARATIF

형용사와 함께 : Je suis plus/ moins/ aussi intelligent que toi.

부사와 함께 : Il marche plus/ moins/ aussi vite que moi.

명사와 함께 : Je mange plus de/ moins de/ autant de pommes que Emma.

동사와 함께 : Je travaille plus/ moins/ autant que Pascal.

bon ⇒ meilleur : Stéphanie est meilleure en tennis que Georges.

mauvais ⇒ plus mauvais : Georges est plus mauvais en tennis que Stéphanie.

bien ⇒ mieux : Je travaille mieux que Julien.

mal ⇒ plus mal : Julien joue plus mal que moi.

MINISTERE DE L'EDUCATION NATIONALE

ACADEMIE DE POITIERS

RÉPUBLIQUE FRANÇAISE

DIPLOME DU BACCALAUREAT GENERAL

Vu le procès verbal de l'examen du Baccalauréat Général établi le 05 Decembre 2003 par le président du jury, enseignant-chercheur,

Le Diplôme du Baccalauréat Général

en Serie SCIENTIFIQUE

est conféré à

né(e) le à MONTREAL (CANADA)

pour en jouir avec les droits et prérogatives qui y sont attachés

Fait à POITIERS , le 12 Janvier 2004

Signature du titulaire :

Pour le ministre de l'Education nationale et par délégation :

Le recteur de l'Académie de Poitiers

Marie Jeanne PHILIPPE

SPECIMEN

LE SYSTÈME ÉDUCATIF EN FRANCE

Durée	Diplômes	Niveau
+ 9 ans	• Diplôme d'État de docteur en Médecine	DOCTORAT
+ 8 ans	• Doctorat	DOCTORAT
+ 6 ans	• Diplôme d'État de docteur en Chirurgie dentaire • Diplôme d'État de docteur en Pharmacie	DOCTORAT
+ 5 ans	• Master recherche ou Master professionnel • Diplôme d'ingénieur • Diplômes des Écoles de Commerce et de Gestion	MASTER
+ 3 ans	• Licence • Licence professionnelle	LICENCE
+ 2 ans	• Diplôme Universitaire de Technologie (DUT) • Brevet de Technicien Supérieur (BTS)	LICENCE
Fin d'études secondaires + Baccalauréat = Entrée dans l'enseignement supérieur		

Leçon 11

Comment écrire une lettre de motivation?

■ **학습목표**

이력서 작성, 연수/채용 광고 읽기, 지원동기서 쓰기

■ **문법**

간접화법, 주절과 종속절의 시제

■ **어휘**

구직 관련 어휘

I 다음 광고를 읽고 빈 칸을 채워봅시다.

(A)

Société spécialisée dans la vente
internationale recherche
un/e assistant/e clientèle.
Anglais exigé.
Envoyer C.V. + photo
+ lettre de motivation au journal
sous la réf. 1365

(B)

Grand groupe hôtelier recherche
des hôtesses d'accueil 25–30 ans.
Bonne présentation.
Anglais et espagnol indispensables.
Ecrivez au journal qui transmettra.

(C)

Vous êtes étudiant, dynamique
et motivé. Vous avez l'esprit
d'équipe et une bonne maîtrise
des outils informatiques.
Le Pôle Emploi région Ile-de-
France propose de nombreux
stages de 3 à 6 mois.

(D)

Véorial recrute des étudiants
Bac + 3 pour des stages d'été.
Si vous êtes passionné par
l'environnement et l'informatique,
envoyez votre candidature
à Véorial,
Direction des ressources humaines,
14 bd de Strasbourg, 54000 Nancy
avant le 15 juin

	연수/채용	관련 직업	지원 자격	제출서류(제출기한)
(A)				
(B)				
(C)				
(D)				

II (A)에 대한 지원동기서(lettre de motivation)를 참고로 하여 (B)에 대한 편지를 완성해보시오.

Madame, Monsieur,

Suite à votre annonce, je vous soumets ma candidature pour le poste d'assistant clientèle. Je pense en effet que la renommée et le dynamisme de votre société me permettront de réaliser mon projet professionnel dans un environnement conforme à mes attentes.

Mes études de marketing et mes deux stages effectués dans la vente m'ont persuadé que je devais poursuivre ma carrière dans le suivi de clientèle. Dynamique, rigoureux, avec un très bon sens du contact, je suis convaincu que je pourrai parfaitement m'intégrer à votre équipe Marketing et être rapidement opérationnel à ce poste.

En espérant pouvoir vous exprimer ma motivation dans le cadre d'un entretien, je vous prie d'agréer, Madame, Monsieur, l'expression de mes salutations distinguées.

Romain Dupond

P.J. : CV

Madame, Monsieur,

Titulaire d'un diplôme ...., je recherche un poste ....

On m'a dit que ....

C'est pourquoi je me permets de vous adresser ma candidature à ce poste.

Ma formation et mes diverses expériences m'ont permis de ....

Intégrer votre société m'attire tout particulièrement pour ....

Je me tiens à votre disposition pour vous rencontrer et vous donner toute précision complémentaire.

En espérant que ma candidature retiendra votre attention, je vous prie d'agréer, Madame, Monsieur, l'expression de mes salutations distinguées.

Nadine Franck

III Juliette는 광고 (D)를 보고서 그곳에 근무하는 옛 친구에게 다음 메일을 보냈으나 답장이 없자 회사에 정식으로 연수 신청 편지를 쓴다. 메일 내용과 문화란(72쪽)에 실린 Juliette의 이력서(CV)를 참고하여 하단의 편지를 완성하시오.

Salut Mathieu,
Camille m'a dit que tu travaillais chez Véorial et m'a conseillé de te contacter. Elle ne m'a pas dit ce que tu faisais, ni quel poste tu occupais, mais tu peux peut-être m'aider. En effet, j'ai entendu dire que Véorial proposait des stages d'été pour des étudiants. Mais je me demande si ces stages seraient intéressants pour moi. Donc, avant d'envoyer ma candidature, je voudrais savoir combien de temps durent ces stages et s'ils sont rémunérés. Dis-moi aussi si je peux envoyer ma candidature par courriel.
Merci d'avance !
A+ (peut-être cet été à Véorial ?),
Juliette

Juliette BARRAUD
15 rue de St Malo, 35000 Rennes
Tél : 06.84.35.12.79

Société Véorial
Direction des ressources humaines
14, bd de Strasbourg 54000 Nancy

Rennes, le 5 mai 2010

Objet : candidature pour un stage d'été
P.J. : CV

Madame, Monsieur,

Actuellement étudiante en master de Marketing, je souhaite mettre en pratique mes connaissances théoriques. Or mon directeur de recherche, Monsieur Lepic, m'a informé que vous proposiez des stages pendant l'été. C'est pourquoi je vous adresse ma candidature.

....

....

....

....

Dans l'attente de vous rencontrer, je vous prie d'agréer, Madame, Monsieur, l'expression de mes salutations respectueuses.

Juliette Barraud

1 간접화법

(1) 평서문

Camille m'a dit : "X travaille chez Véorial."

→ Camille m'a dit que tu (=X) travaillais chez Véorial.

(2) 명령문

Elle m'a conseillé : "Contacte X."

→ Elle m'a conseillé de te (=X) contacter.

(3) 의문문1

Dis-moi : "Est-ce que je peux envoyer ma candidature par courriel ?"

→ Dis-moi si je peux envoyer ma candidature par courriel.

(4) 의문문2

Elle m'a demandé : "Qu'est-ce que tu fais ? Quel poste tu occupes ?"

→ Elle m'a demandé ce que je faisais et quel poste j'occupais.

2 주절과 종속절의 시제

- Monsieur Lepic m'a informé que vous proposiez des stages pendant l'été.
- Mes études de marketing et mes deux stages effectués dans la vente m'ont persuadé que je devais poursuivre ma carrière dans le suivi de clientèle.
- Je suis convaincu que je pourrai parfaitement m'intégrer à votre équipe Marketing.
- Je suis sûr que je m'intégrerai facilement à l'une de vos équipes.

3 구직 관련 어휘

une adresse électronique = une adresse courriel, mail, mél (mèl)
une lettre de motivation 지원동기서
un CV (curriculum vitae) 이력서
PJ (pièce jointe) 동봉서류
la direction des ressources humaines 인사부
un stagiaire 연수생
un master 석사
un directeur de recherche 지도교수
la formation 교육
l'expérience professionnelle 경력

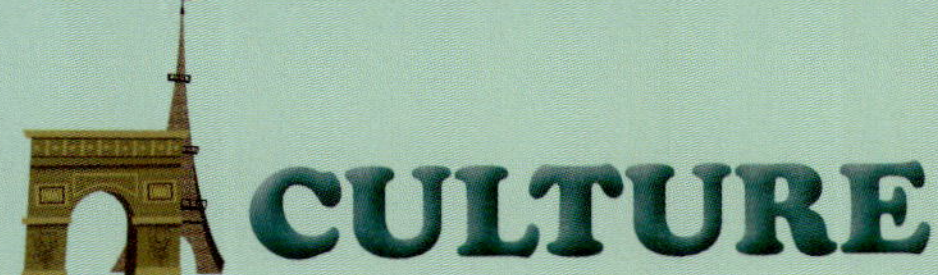

Curriculum vitae

Juliette BARRAUD

15 rue de St Malo, 35000 Rennes

Tél : 06.84.35.12.79

Adresse électronique : juliettebarraud@mail.fr

Née le 6 avril 1989

Célibataire

FORMATION

Septembre 2008 – en cours : Master de Marketing, Université Lille 3.

Septembre 2005 – juin 2008 : Licence Commerce et Vente, Université Lille 3.

Juin 2005 : Baccalauréat ES.

EXPÉRIENCE PROFESSIONNELLE

2008 – 3 mois : Oréal, Paris, stage en techniques de vente
Etude de marché pour un nouveau produit

2007 – 2 mois : Lucidec, Vincennes, stage en marketing
Rédaction de rapports

LANGUES

Anglais : très bon niveau (niveau B2 du CECR).

Espagnol : notions.

INFORMATIQUE

Maîtrise de Word, Internet, Power Point, Excel, Access.

CENTRES D'INTÉRÊT

Cinéma, Lecture, volley-ball, voyages.

Leçon 12

J'aimerais étudier en France.

■ **학습목표**

계획세우기, 희망 표현, 유감 표현

■ **문법**

접속법

■ **어휘**

소망, 감정, 의무 등의 표현

I 다음은 프랑스로 유학가기 위한 준비를 표현한 내용이다.

Dans deux ans, j'aimerais partir en France pour continuer mes études. Je dois d'abord me renseigner sur les universités françaises. Ensuite, il faut que je choisisse une ville et une université. Puis, je devrai passer le DELF. Enfin, il faudra que j'obtienne mon visa auprès de Campus France. Pour cela, j'aurai évidemment besoin d'un passeport valide et de l'attestation de mon inscription en France.

위의 예시문을 참고하여 여러분의 계획을 글로 써보시오(접속법 사용).

....

....

....

....

....

....

....

....

II 다음 동사들을 이용하여(접속법) 자유롭게 글을 만들어 보시오.

Chère Cécile,

Avant que tu (partir) .... , j'aimerais qu'on (faire) .... Il faudrait que tu me (dire) .... En attendant que tu (revenir) .... , ...

....

....

....

....

....

....

....

....

A bientôt,

Michel.

어휘

Je voudrais que / j'aimerais que + subjonctif
Être content, heureux, triste, fier, satisfait. +[de + inf.] ou + [que + subjonctif]
Regretter, avoir envie, avoir besoin, avoir honte +[de + inf.] ou + [que + subjonctif]
Douter que + subjonctif
Souhaiter +[inf.] ou + [que + subjonctif]

III Création d'un journal

Bonjour Cécile,
Comment vas-tu ? J'espère que tes études en France se passent bien ?
Ici, tout va bien. J'ai décidé de créer le journal en français de notre université.
J'aimerais que d'autres étudiants écrivent aussi des articles, mais j'ai peur qu'ils soient trop occupés ou qu'ils n'aient pas le temps.
Dommage que tu ne sois plus ici pour m'aider ! Mais j'espère que tu écriras de temps en temps pour notre journal ? Qu'en penses-tu?
Bises,
Olivier

Cécile의 입장에서 위 편지에 대한 답장을 접속법을 사용하여 써보시오.

....

....

....

....

....

....

....

....

....

....

1 접속법 현재 (le subjonctif présent)

직설법 현재형 3인칭복수 어간 + 접속법 어미 ; nous, vous는 직설법 반과거형 1인칭 복수 어간

Venir { ils viennent → que je vienne, tu viennes, il/elle vienne, ils/elles viennent
nous venions, vous veniez

	parler	finir	lire
Je	parle	finisse	lise
Tu	parles	finisses	lises
Il/Elle	parle	finisse	lise
Nous	parlions	finissions	lisions
Vous	parliez	finissiez	lisiez
Ils/Elles	parlent	finissent	lisent

불규칙형

	avoir	être	aller
Je(J')	aie	sois	aille
Tu	aies	sois	ailles
Il/Elle	ait	soit	aille
Nous	ayons	soyons	allions
Vous	ayez	soyez	alliez
Ils/Elles	aient	soient	aillent

* 접속법은 que로 시작하는 종속절에서 사용된다.

2 접속법 과거 (Le subjonctif passé) : **avoir/être** 접속법 현재 + 과거분사

Je suis content que tu aies rencontré mes amis.
Je ne comprends pas que tu aies pu oublier notre rendez-vous.
Je regrette que tu ne sois pas venu hier.

3 접속법을 필요로 하는 동사 및 표현

- 접속법 요구동사 : désirer, vouloir, souhaiter, exiger, craindre, douter, avoir peur, s'étonner, regretter...
- 접속법 요구 비인칭 구문 : il est bon que, il est temps que, il faut que, il est nécessaire que, il vaut mieux que, il m'est indifférent que, il est possible que...
- 접속법 요구 접속사 : afin que, pour que, avant que, jusqu'à ce que, à condition que, à moins que, de crainte que, de peur que, bien que, quoique...

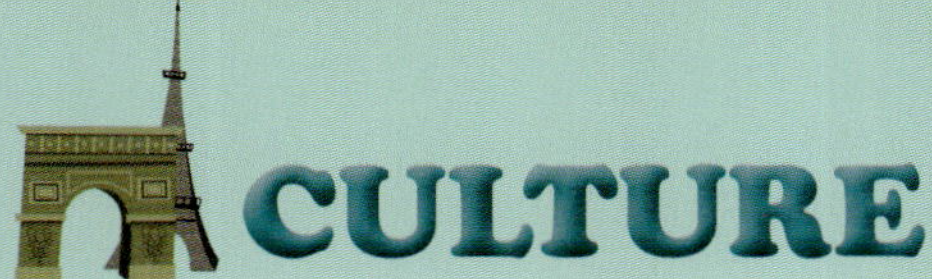

Sondage 01. 02. 2011

Le classement des métiers préférés des Français

La cote d'opinion de différents métiers, établie par l'Ifop pour France Soir, livre plusieurs enseignements :

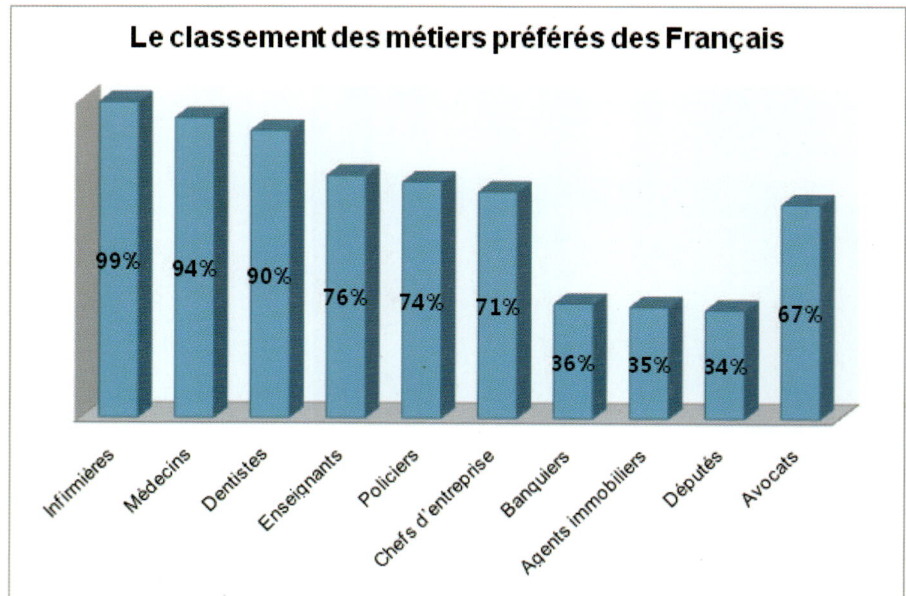

Echantillon de 1017 personnes, représentatif de la population française âgée de 18 ans et plus.

La représentativité de l'échantillon a été assurée par la méthode des quotas (sexe, âge, profession de la personne interrogée).

France-Soir
VOTRE GRAND QUOTIDIEN NATIONAL

모 범 답 안

Leçon 1 Qui êtes-vous ?

I Nom : Hong, Prénom : Kil-dong, Date de naissance : le 1er janvier 1985, Nationalité : coréenne, Adresse : xxx, Profession : journaliste, Situation familiale : célibataire, Téléphone : 010 xx xx xx xx, Courriel : hongkildong@naver.com, Langues parlées : le coréen, l'anglais, le français, Sports pratiqués : le football, le ski.

Je m'appelle Kil-dong Hong. Je suis coréen. J'habite à Séoul en Corée. Je suis né le premier janvier 1985 (J'ai ... ans). Je suis journaliste et célibataire. Mon numéro de téléphone, c'est le 010 xx xx xx xx. Mon courriel, c'est hongkildong@naver.com. Je parle coréen, anglais et français. J'aime le sport (le football et le ski).

II (1) Il s'appelle Nicolas. Il est français. Il a 22 ans. Il habite à Nantes. Il est étudiant (en 4e année d'économie). Il aime faire du vélo, voyager et discuter avec des gens.

(2) La petite fille s'appelle Cécile, c'est ma fille ; et le garçon est mon fils Paul. Cécile a 3 ans, aime les glaces et la neige, mais déteste les épinards. Paul, lui, a 5 ans ; il aime les robots, la mer, mais n'aime pas la pluie.

III Ce sont, à partir de la gauche, ma sœur, ma nièce, mon neveu, mon frère, moi et mon beau-frère. Nous sommes en vacances à l'île de Jéju. On est à la mer. Il y a du soleil. Moi, je porte un chapeau. Ma sœur et ses deux enfants sont pieds nus.

Leçon 2 Que voyez-vous ?

II (1) Derrière, se promènent, discutent, Au fond, se coucher

(2) pleut, gris, des parapluies, le dos, le bassin, des canards, des arbres

(3) Au bord, pêcheur, attend, du soleil, un chapeau, En face, des bateaux, port

Leçon 3 Vous êtes à pied ou en voiture?

II (1) en, à, aller, beaucoup, sur

(2) prenez, prendre, jusqu'au, devant, tout droit, à côté de.

(3) Pour aller chez moi, tout d'abord, je dois prendre le métro ligne 4. Je vais jusqu'à la station Sadang. Ensuite, je prends le bus numéro 11 devant le grand magasin Taipyung, et je descends du bus à l'arrêt de N.S.D ; cela prend à peu près cinq minutes. Puis je dois marcher 10 minutes pour arriver chez moi.

III Salut Kathy,

Ce petit mot pour te rappeler l'heure de notre rendez-vous demain soir.

Rendez-vous à 19h30 au Café Richelieu. Un des cafés du Musée du Louvre, situé dans un ancien bureau de Ministre et donnant sur la Pyramide. Tu prends le métro ligne 1 et tu descends à la station Tuileries. Tu verras, c'est très facile à trouver.

J'ai appelé Simone. Elle n'est pas chez elle. Elle sait à quelle heure on se voit mais tu la connais, elle oublie tout. Appelle-la, s'il te plaît, pour lui rappeler le lieu et l'heure de notre rendez-vous, c'est plus prudent. Elle est chez elle le soir après 19h.

Muriel

Leçon 4 Qu'est-ce que vous faites ?

I En semaine, je travaille du lundi au jeudi. Le lundi, après le travail, je fais de la danse dans un club de gym à partir de 20 heures. Le mardi et le mercredi, de 18h30 à 20h, j'ai un cours de russe dans un institut de langues. Le jeudi soir, je vais souvent chez mes parents pour dîner avec eux. Et le vendredi, je rencontre de temps en temps des amis. Mais le week-end, je préfère rester à la maison pour me reposer et lire des livres. Et je regarde aussi la télévision pour me détendre.

II rendra visite, prendra, viendra, visiteront, flâneront, dîneront, se lèveront, partiront, iront, déjeuneront, traverseront, suivront, marcheront, retourneront, prendra.

III Jeju-do est connue de tous les Coréens. On la nomme l'île des dieux ou l'île des amoureux, ou encore l'île de Samdado en référence aux trois trésors de l'île : les rochers volcaniques, les femmes plongeuses et le vent. C'est une île volcanique mesurant 73 km d'est en ouest et 31 km du nord au sud.

L'engouement pour cette île s'explique par la variété des paysages, par son ambiance exotique, son climat tempéré et par la diversité de ses activités. Entre la mer, ses plages de sable fin et les volcans, chaque visiteur trouvera son plaisir.

Vous serez surpris et captivés par la beauté de l'île. Ses rochers et ses volcans lui donnent une atmosphère particulière. Vous apprécierez les randonnées le long des côtes et jusqu'à Hallasan, la plus haute montagne de Corée du Sud (1950 mètres). Une autre particularité : les femmes plongeuses nommées « haenyeo », âgées de 40 à 70 ans, plongent dans l'océan sans bouteilles d'oxygène, à la recherche de coquillages et d'algues. C'est très impressionnant. Vous découvrirez aussi la vie quotidienne des habitants sur le marché de Dongmun. Et vous pourrez y déguster son orange au goût exceptionnel.

Leçon 5 Je cherche un logement.

II II. (b) Un particulier loue un beau F3 (2 chambres et un grand salon). Le chauffage est électrique. Le loyer est de 1300 euros, charges comprises. L'appartement est libre immédiatement. Téléphonez le soir à Mme Legrand au 01 58 61 65 80. (c) Nous avons un studio de 15㎡ à louer au 6e étage. Il est proche d'une station de métro. Le loyer est de 600 euros avec les charges. Contactez l'agence Loc'appart au 04 25 55 25 52.

III-1 Dans quel arrondissement est-il situé ? Y a-t-il une station de métro près de l'immeuble ? L'appartement est à quel étage ? (à quel étage se trouve l'appartement ?). Y a-t-il un ascenseur ?

III-2

Nice, le 10 mai 2012

Madame,

J'ai lu votre annonce pour un F3. Je voudrais vous poser quelques questions concernant cet appartement. Est-il meublé ? Y a-t-il un parking pour l'immeuble ? Sinon, où peut-on garer sa voiture ?

Je trouve que le loyer est un peu cher. Ne pourriez-vous pas me le louer à 1100 euros par mois ? Est-il possible de le visiter le week-end ?

Dans l'attente de votre réponse, je vous prie d'agréer, Madame, l'expression de mes sincères salutations.

Mina Choi

Leçon 6 Je t'invite à mon anniversaire.

I Bonjour à tous,
Je fête mon anniversaire samedi prochain chez moi à partir de 19 heures.
Il y aura bien sûr un bon buffet, et de la bonne musique que vous aimerez tous.
Alors, si ça vous dit, venez tous faire la fête entre amis, et danser toute la nuit !
Didier

II 긍정대답
Félicitations, ma chère Caroline !
Je me fais une joie de venir t'embrasser le jour de ton mariage. Et je serai ravie d'assister au dîner auquel tu m'as si gentiment invitée.
Tous mes voeux à toi et à Laurent,
Florence

부정대답
Chère Caroline, Cher Laurent,
Vous savez combien j'aimerais être avec vous en ce jour de fête, mais des raisons professionnelles m'en empêchent. J'ai envisagé toutes les solutions, mais ce n'est vraiment pas possible.
Je penserai particulièrement à vous le 15 juin et serai de tout coeur avec vous tous.
Je vous embrasse très fort en attendant d'avoir le plaisir de vous revoir.
Avec toute mon affection,
Emma

III (1) Chère Anne,
Merci pour ton invitation à dîner chez toi. Je viendrai avec grand plaisir.
Je me réjouis de cette occasion de te revoir et t'embrasse bien affectueusement.
Paul
(2) Bonjour Anne,
Merci pour ton invitation. Mais je suis vraiment désolé, je ne pourrai pas venir chez toi vendredi soir. C'est dommage parce que je suis sûr que ta soirée sera très sympathique. Mais jeudi après-midi, je dois prendre le train pour aller chez mes parents. Car ce samedi, toute la famille va se réunir pour fêter leur 40e anniversaire de mariage.
Si tu veux, la semaine prochaine, on ira voir un film coréen qui a l'air très sympa et amusant. Qu'en penses-tu ?
A très bientôt,
Joël

Leçon 7 Je vais en France.

II À Paris, nous visiterons la Tour Eiffel, le Musée du Louvre, la cathédrale Notre-Dame, l'Arc de Triomphe et le Quartier Latin. Nous irons voir aussi le Château de Versailles. Le soir, nous prendrons le bateau-mouche pour admirer la ville illuminée. Si nous avons du temps, nous ferons une promenade sur les quais de la Seine et prendre un bain de soleil à Paris-plage.
À Londres, nous visiterons la tour de Londres, le palais de Buckingham, l'Abbaye de Westminster et National Gallery. Nous nous promènerons dans Hyde Park et ferons une croisière sur la Tamise.
À Rome, nous visiterons le Colisée, le Capitole, l'Arc de Constantin, la Basilique Saint-Pierre et le Vatican avec la chapelle Sixtine. Et nous aimerions aller voir la villa d'Hadrien à Tivoli, pas loin de Rome.

III J'aimerais réserver une chambre avec deux lits et une salle de bain, pour la nuit du 22 juillet. Serait-il possible d'avoir une chambre tranquille qui ne donne pas sur la rue ? Je voudrais savoir

aussi si vous disposez d'un parking, et s'il est possible de prendre le repas du soir.
J'attends votre réponse.
Sincères salutations,

Jean Durand

Leçon 8 Quand j'étais petit...

I Un séisme de magnitude 7 au Japon
Dimanche 1er Janvier 2012
Un séisme sous-marin de magnitude 7 a secoué Tokyo, faisant trembler les immeubles sans provoquer de dommages apparents ni de tsunami.
Le séisme s'est produit près de l'île inhabitée de Torishima dans l'Océan Pacifique, à environ 600 kilomètres du sud de Tokyo. Son épicentre se trouvait à environ 370 kilomètres sous la mer, selon l'agence météorologique nippone. La secousse n'a pas provoqué de tsunami.
A Tokyo, les immeubles de la capitale ont tremblé, mais aucun dégât ni blessé n'était signalé. Les liaisons par trains express dans le nord et le centre du Japon ont été brièvement suspendues à cause des contrôles de sécurité.

II A la fin de mon voyage en France, pour rentrer chez moi, je suis allé à l'aéroport pour prendre l'avion. Mais au moment d'enregistrer mes bagages, je ne trouvais plus mon passeport. D'habitude, je faisais attention mais, ce jour-là, pour payer ma chambre d'hôtel, j'avais sorti mes papiers, et j'avais oublié de les reprendre. Je suis rentré à l'hôtel et j'ai retrouvé mon passeport. Mais j'ai dû rester trois jours supplémentaires à Paris. Le matin, je prenais le petit déjeuner à la terrasse d'un café. Il faisait beau, il y avait du monde dans la rue. C'était romantique.

III (1) J'étais dans un endroit obscur ; c'était la nuit et j'étais accompagnée de ma mère et d'une dame que je ne connaissais pas ; je devais passer par des chemins pleins de trous ; et à un moment donné, il y a eu un tremblement de terre, pas intense, mais c'est la chose dont je me souviens bien.
(2) Moi je faisais toujours le même genre de cauchemars quand j'étais petit : on m'attaquait, ou on me kidnappait, bref, j'étais toujours en danger, et je n'arrivais jamais à courir pour m'enfuir ; j'avançais, et j'essayais de courir pour aller vite, mais mes jambes s'y refusaient, je pleurais, j'essayais de crier, mais presque aucun son ne sortait. C'était horrible. Je ne contrôlais pas mon corps, je ne pouvais rien faire pour m'enfuir, je vous jure, c'était horrible !

Leçon 9 Pour rester en bonne santé, que faut-il faire ?

I l'alcool ? → ne pas boire trop d'alcool
l'eau ? → boire beaucoup d'eau
les cigarettes → ne pas fumer du tout
le sommeil → dormir 7 ou 8 heures par jour
le travail → ne pas trop travailler
le stress → éviter le stress
les sorties avec des amis ? → se divertir de temps en temps

II Ma soeur n'a pu résister devant les plats si appétissants. Il y avait tant de choses à manger : caviar, foie gras, gigot de mouton, canard laqué, superbes gâteaux, etc. Elle a aussi bu pas mal de champagne et de vin. Quand elle est rentrée à la maison l'après-midi, elle avait mal à l'estomac. La douleur grandissait. Alors, elle est allée voir le médecin. Le médecin l'a auscultée et il a dit : "Vous avez trop mangé. Vous avez une indigestion. Je vais vous faire une ordonnance." Elle a pris des médicaments et elle s'est reposée. Aujourd'hui, elle va mieux.

III Une jeune fille marchait dans la rue. Elle portait un sac dans la main gauche / sur l'épaule / à la main. Tout d'un coup un motard est arrivé et a voulu lui arracher son sac. Mais elle ne l'a pas lâché. Dans cette lutte, elle est tombée et s'est cassé le bras. Finalement, elle a pu garder son sac, mais la voilà avec un bras dans le plâtre !

Leçon 10 Qu'est-ce que tu ferais à ma place ?

I Si j'habite dans une résidence universitaire, je serai plus libre, je mangerai au restaurant universitaire (au R.U.). Mais je ne pourrai pas faire la cuisine. En revanche, si je choisissais une famille, je pourrais utiliser la salle de bain, je pourrais prendre des repas chauds, ce serait plus confortable. De plus, en cas de problème, je pourrais demander de l'aide...

II Pour aller à l'île de Jeju-do, l'avion est plus rapide que le bateau. Si je prends l'avion, on m'a dit qu'un aller-retour est moins cher qu'un aller-simple.

Le gros avantage de l'avion : c'est le moyen le plus rapide pour se rendre à l'île de Jeju-do, vous vous en doutez. Il faut compter entre 1h et 1h30 de vol depuis la plupart des grandes villes. Aller à l'île de Jeju par avion, ce n'est pas nécessairement cher si l'on passe par des compagnies comme Jeju Air. Il faut savoir néanmoins que les vols de Korean Air ou d'Asiana sont parfois plus avantageux que Jeju Air.

Pour aller à l'île de Jeju avec sa voiture, c'est avec le ferry. La traversée en ferry est certes plus longue qu'en avion mais elle a l'avantage d'éviter la location d'un véhicule sur l'île. Le confort de la traversée varie en fonction des compagnies. Concernant les prix, le trajet simple coûte environ 110 000 wons pour un départ en haute saison et le week-end.

III Bonjour Muriel,

J'espère que tu vas bien ? Que deviens-tu ?

Moi je vais bien, avec des hauts et des bas, mais je fais avec. J'ai abandonné l'idée d'être professeur.

En ce moment, je regrette un peu : si j'avais bien étudié les langues étrangères, j'aurais pu partir à l'étranger. Mais c'est difficile... Je pense quand même essayer de trouver un travail ailleurs. Si je trouve un stage ou un travail en France, je m'en irai.

Qu'est-ce que tu en penses ? Qu'est-ce que tu ferais si tu étais à ma place ?

A bientôt,

Jinny

Leçon 11 Comment écrire une lettre de motivation?

I ⓐ 채용, 고객관리 보조원, 영어, 이력서+사진+지원동기서 ⓑ 채용, 안내양, 25–30세+외모+영어와 스페인어, 제출서류 없음 ⓒ 연수(3–6개월), 언급 없음, 박력 있고 의욕적이며 팀 정신을 갖춘 학생+컴퓨터 능숙, 제출서류 언급 없음 ⓓ 하기연수, 환경과 컴퓨터 관련, 대학 학사, 지원서(6월 15일)

II ① d'hôtellerie ② dans un grand hôtel ③ vous recherchez une hôtesse d'accueil ④ bien connaître ce métier ⑤ continuer à me perfectionner et acquérir une expérience dans un grand groupe.

III Je m'intéresse spécialement au marketing par Internet car je prépare un mémoire sur ce sujet. J'ai déjà fait un stage en techniques de vente, et un autre pour réaliser une étude de marché avant le lancement d'un nouveau produit. J'ai un très bon niveau d'anglais (niveau B2 du CECR) et je maîtrise assez bien l'informatique. Je voudrais connaître la durée des stages que vous proposez et savoir s'ils sont rémunérés.

Bisous,
Cécile

Leçon 12 J'aimerais partir en France.

I L'année prochaine, j'aimerais bien aller en France. Je vais d'abord me renseigner sur les endroits historiques et culturels à visiter. Il faut que je choisisse quelques villes. Puis, je devrai passer à l'agence de voyage pour réserver les billets d'avion et de TGV. Enfin, il faudra que mes parents soient d'accord. Pour cela, j'aurai évidemment besoin de bonnes notes à mes examens.

II Chère Cécile,
Avant que tu partes à l'étranger, j'aimerais qu'on fasse une petite fête. Il faudrait que tu me dises quel jour tu préfères.
En attendant que tu reviennes de week-end, je vais commencer à prévenir tous les amis.
A bientôt,
Michel

III Bonjour Olivier,
Je suis contente pour toi : créer un journal en français est une excellente idée !
Pour convaincre d'autres étudiants, il vaudrait peut-être mieux que tu mettes d'abord quelques articles en français sur le site de l'université ?
En tous cas, n'aie pas peur, bien que ce soit difficile, je suis sûre que tu y arriveras...
C'est vraiment dommage que je ne sois pas avec toi pour t'aider. Ici, j'ai beaucoup de travail, mais il est possible que j'écrive un jour quelque chose pour ton journal. Bon courage !

참고어휘

Profession

un(une) acteur(trice) 배우
un agent de police 경찰관
un ambassadeur 대사
un architecte 건축가, 설계사
un artiste 예술가
un avocat 변호사
un banquier 은행가
un(une) boulanger(ère) 제빵업자, 빵집 주인
un(une) chanteur(euse) 가수
un(une) coiffeur(euse) 이발사, 미용사
un(une) collégien(ne) 중학생
un(une) comédien(ne) 배우
un commerçant 상인
un comptable 회계사, 경리
un(une) conducteur(trice) 운전기사
un(une) concierge 수위, 관리인
un(une) créateur(trice) de mode 의상 디자이너
une couturière 양장 재단사, 양재사
un(une) cuisinier(ère) 요리사
un dentiste 치과 의사
un designer 디자이너
un diplomate 외교관
un(une) directeur(trice) 사장, 부장
un(une) écolier(ère) 초등학생
un écrivain 작가
un(une) électricien(ne) 전기공
un élève 학생
un employé 직원, 사원
un étudiant 대학생
une femme de ménage 가정부, 청소부
un garçon de café 까페 웨이터
un gardien de nuit 수위, 관리인
un guide 안내인, 가이드
une hôtesse d'accueil 안내양
une hôtesse de l'air (비행기의) 스튜어디스
un(une) infirmier(ère) 간호사
un(une) informaticien(ne) 정보처리 기술자
un ingénieur 기술자, 엔지니어
un journaliste 신문기자
un(une) lycéen(ne) 고등학생
un maire 시장
un(une) mécanicien(ne) 기계공, 정비사
un médecin 의사
un metteur en scène 연출가, 감독
un ministre 장관
un motocycliste 오토바이 선수
un(une) musicien(ne) 음악가, 연주자
un(une) ouvrier(ère) 노동자
un(une) parfumeur(euse) 조향사, 향수 상인
un(une) pâtissier(ère) 과자(케이크) 제조(판매)인
un(une) patron(ne) 사장, 경영자
un(une) pêcheur(euse) 어부
un pédiatre 소아과 의사
un(une) pharmacien(ne) 약사
un pianiste 피아니스트
un pilote 비행사
un poète 시인

un président-directeur général 사장, 회장, 최고 경영인
un procureur 검사, 검찰관
un professeur 교수
un psychiatre 정신과 의사
un réceptionniste (호텔, 기업의) 안내원
un sculpteur 조각가
un secrétaire 비서
un(une) serveur(euse) 식당 종업원
un(une) sommelier(ère) 포도주 담당자
un sportif 운동가, 스포츠맨
un stagiaire 연수생
un standardiste 전화 교환수
un(une) technicien(ne) 기술자
un(une) traducteur(trice) 번역가
un(une) vendeur(euse) 판매인

*여성형은 불규칙형만 제시함.

Vêtement

un blouson 잠바
des bottes 장화, 부츠
une cape (소매 없이 몸과 팔을 감싸는) 망토
une casquette 챙 달린 모자
une ceinture 허리띠
un chapeau 모자
un chapeau de paille 밀짚모자
des chaussettes 양말
des chaussures 신발
une chemise 셔츠
un chemisier 블라우스
une combinaison de ski (상하가 연결된) 스키복
une cravate 넥타이
une écharpe 목도리
un ensemble (옷) 한 벌, 앙상블
un foulard 스카프, 머플러
des gants 장갑
un gilet 조끼
un jean 청바지
une jupe 치마
un maillot de bain 수영복
un manteau 외투
une mini-jupe 미니스커트
un pantalon 긴 바지
des pantoufles 슬리퍼, 실내화
une parka 파카
un peignoir 목욕 가운
un polo 폴로 셔츠
le prêt-à-porter 기성복
un pull 폴라 스웨터
un pyjama 잠옷
une robe 원피스
une sandale 샌들
un short (짧은) 반바지
un soutien-gorge 브래지어
un sweat(-shirt) 스웨터
un t-shirt 티셔츠
une veste 웃옷

Maison et logement

une agence immobilière 부동산 중개소

une armoire 옷장

un appartement 아파트

un ascenseur 승강기

une baignoire 욕조

un balcon 발코니

une bibliothèque 서재, 도서관

un canapé 소파

une cave 지하실

une chaise 의자

une chambre 침실

le chauffage 난방

une cheminée 벽난로, 굴뚝

une clé 열쇠

une clôture 담장

un contrat de location 임대차 계약

un couloir 복도

une cuisine 부엌

une cuisinière à gaz 가스레인지

une douche 샤워, 샤워실

un étage 층

une étagère 선반

un escalier 계단

un fauteuil 안락의자

une fenêtre 창문

un four 오븐

un frigo (=réfrigérateur) 냉장고

un garage 차고

un grenier 다락

un immeuble 건물

un interphone 인터폰

un jardin 정원

un lavabo 세면대

un lit 침대

un(une) locataire 세든 사람

une location 임대차, 셋집

un loyer 집세

une maison 집

un meuble 가구

un micro-ondes 전자레인지

un miroir 거울

un mur 벽

un plafond 천장

un plancher 바닥, 마루

une porte 문

une porte d'entrée 현관문

un(une) propriétaire 집주인

le rez-de-chaussée 일층

un rideau 커텐

une salle à manger 식당

une salle de bain 욕실

une salle de séjour 거실

un salon 응접실, 거실

un studio 원룸

une table 식탁, 책상

un tapis 양탄자

des toilettes 화장실

un toit 지붕

Transports

un accident de voiture 자동차 사고

un aéroport 공항

un agent de la circulation 교통순경

un aller simple 편도

un aller-retour 왕복

une amende 벌금

une autoroute 고속도로

un avion 비행기

un bateau 배

un billet de train 기차표

un bus 버스

un camion 트럭

un car 시외버스

un carrefour 교차로

un chauffeur 운전기사

composter (표를) 개찰하다

un contrôleur (표) 검사관

une correspondance 환승

un demi-tour 되돌아가기, U턴

un garage 자동차 정비소

un garagiste 자동차 정비공

une gare 역

un guichet 창구

un horaire 운행시간표

une limitation de vitesse 속도 제한

une moto 오토바이

une panne 고장

un parc(o)mètre 주차요금 미터기

un parking 주차, 주차장

un passage pour piétons 횡단보도

un(une) passager(ère) 승객

un péage 통행료, 통행료 징수소

un permis de conduire 운전면허증

un(une) piéton(ne) 보행자

une place 좌석

un pont 다리

un port 항구

un quai 승강장

un rond-point 원형 교차로

une rue 길

une salle d'attente 대합실

un scooter 스쿠터

une station-service 주유소

un taxi 택시

un TGV 고속철

un train 기차

un tram (=tramway) 전차

un trottoir 인도

un vélo 자전거

un virage 커브길

une voie 차선, 선로

un(une) voyageur(euse) 여행자

un wagon 객차

Vacances et hôtel

l'auto-stop 무료편승, 히치하이크
une auberge de jeunesse 유스호스텔
un bureau de change 환전소
une caravane 캠핑 트레일러
une carte d'identité 신분증
une chaîne câblée 케이블 채널
une chambre 방
une chambre double 2인용 방
une chambre simple 1인용 방
une clé 열쇠
la climatisation 실내온도조절
la connexion internet 인터넷 연결
la douane 세관
un douanier 세관원
une douche 샤워, 샤워 시설
la durée du séjour 체류 기간
une fiche de renseignements 고객 카드
un itinéraire 여정, 여행코스
un lavabo 세면대
un lit double 더블 침대
un lit simple 싱글 침대
un mini-bar 미니 바
un parking 주차, 주차장
un passeport 여권
le petit déjeuner 아침 식사
une pièce d'identité 신분증
la réception 안내/접수 데스크
le registre de l'hôtel 숙박부
une réservation 예약
un réveil téléphonique 모닝 콜
un sac à dos 배낭
un sac de couchage 슬리핑백
une salle de bain 욕실
une station de ski 스키장
une suite 스위트 룸
une tente 텐트
la télévision 텔레비전
un terrain de camping 캠핑장
une valise 여행 가방

Aliments et repas

une addition 계산서
de l'agneau 새끼양 고기
de l'ail 마늘
de l'alcool 술
un amuse-gueule 술(아페리티프) 안주
un apéritif 식전 술, 아페리티프
l'appétit 식욕
une assiette 접시
une baguette 바게뜨 빵
une banane 바나나
du beurre 버터
de la bière 맥주
un bifteck 비프스테이크
la boisson 음료

du boeuf 쇠고기
un café 커피
un café au lait 우유를 넣은 커피
du canard 오리 고기
une carafe d'eau 물병
une carotte 당근
une cerise 체리
du champagne 샴페인
un champignon 버섯
de la charcuterie (햄, 소시지 등의) 돼지 가공식품
du chocolat 초콜렛, 코코아
un chou 배추
du cidre 사과주
un coca(-cola) 콜라
du cognac 꼬냑
un condiment 양념
de la confiture 잼
un couteau 칼
un couvert 식기 한 벌 (스푼, 나이프, 포크)
de la crème 크림
une crêpe 크레이프
un croissant 크루아쌍
une cuillère 숟가락
un décaféiné 무카페인 커피
le déjeuner 점심식사
un dessert 디저트
le dîner 저녁식사
un digestif 식후에 마시는 술
de la dinde 칠면조고
de l'eau 물
une eau-de-vie 증류주, 브랜디
de l'eau minérale 광천수
de l'eau potable 음료수
une entrée 전식, 앙트레
un escargot 달팽이 (요리)
un express 엑스프레소 (커피)
du foie gras 거위 간 (요리)
un four 오븐
une fourchette 포크
une fraise 딸기
du fromage 치즈
un fruit 과일
des fruits de mer 해산물
un gâteau 케이크, 과자
un gigot (양의) 넓적다리 고기
une glace 아이스 크림
une grillade (석쇠로) 구운 고기
de l'huile 기름
une huître 굴
une infusion 우려낸 차
du jambon 햄
du jus de fruit 과일 쥬스
du lait 우유
de la laitue 상추
un légume 채소
une liqueur 리쾨르 술
un menu à prix fixe 세트 메뉴
un micro-ondes 전자렌지
du miel 꿀
une mousse au chocolat 초콜렛 무스

LEXIQUE

de la moutarde 겨자

du mouton 양고기

une nappe 식탁보

une noix 호두

un oeuf 달걀

une oie 거위

un oignon 양파

une olive 올리브

une omelette 오믈렛 (요리)

une orange 오렌지

du pain 빵

un pâté (고기, 생선의) 파이

des pâtes 면류, 국수

le petit déjeuner 아침식사

un pique-nique 피크닉

une pizza 피자

un plat 요리

un plat principal 주요리

un plateau 쟁반

une poire 배

du poisson 생선

un poivron 피망

une pomme 사과

une pomme de terre 감자

du porc 돼지고기

un potage 수프

un(du) poulet 닭고기

un pourboire 팁

un réveillon (크리스마스 이브나 설날 전야의) 만찬

du riz 쌀, 밥

un rôti 구운 고기

de la salade 샐러드

un sandwich 샌드위치

une saucisse 소시지

un saucisson 살라미

du sel 소금

une serviette 내프킨

de la soupe 수프

des spaghettis 스파게티

un steak 스테이크

un steak frites 감자튀김을 곁들인 스테이크

un surgelé 냉동식품

une tarte aux fruits 과일 파이

une tartine 잼이나 버터를 바른 빵

un thé 차

un tire-bouchon 포도주 병따개

une tomate 토마토

du veau 송아지고기

un végétarien 채식주의자

un verre 유리잔

un verre à eau 물잔

un verre à vin 와인잔

du vin 포도주

du vinaigre 식초

du vin blanc 백포도주

du vin rosé 핑크색 와인

du vin rouge 적포도주

un yaourt 요플레

Corps et santé

un antibiotique 항생제

un anti-inflammatoire 소염제

ausculter 청진하다

un bleu 멍

une blessure 상처, 부상

une bosse 혹

la bouche 입

une bronchite 기관지염

une carie 충치

un cauchemar 악몽

un chirurgien 외과의사

une clinique 개인병원

un comprimé d'aspirine 아스피린정

une consultation médicale 진찰, 진료

le cou 목

une coupure 벤 상처

un dentiste 치과의사

diagnostiquer 진단하다

un doigt 손가락

le dos 등

une douleur 고통, 통증

l'épaule 어깨

l'estomac 위

éternuer 재채기하다

la fièvre 열

une fracture 골절

un généraliste 일반의

une grippe 유행성 감기

un hôpital 종합병원

une indigestion 소화불량

une insomnie 불면증

la main 손

un(une) malade 환자

le mal de mer 배멀미

un médecin 의사

un médicament 약

la médecine 의학

(se) moucher 코를 풀다

une nuit blanche 뜬 눈으로 지새운 밤

une opération chirurgicale 외과수술

une ordonnance 처방, 처방전

un pansement 붕대, 붕대를 감기

une pharmacie 약국

un(une) pharmacien(ne) 약사

le pied 발

une piqûre 주사

un plâtre 깁스

le poumon 폐

prendre froid 감기 걸리다

la prescription 처방

une radio 엑스레이

un régime 식이요법

respirer 호흡하다

un rhume 감기, 독감

un somnifère 수면제

souffrir 고통을 느끼다

la tête 머리

tousser 기침하다

un vertige 현기증

les yeux (un œil) 눈

Bureau

un accès internet 인터넷 접속

une adresse courriel 이메일 주소

une agrafe (호치키스의) 침, 고리

une agrafeuse 호치키스

un annuaire téléphonique 전화번호부

une boîte courriel 이메일 함

une cafetière 커피포트

une calculatrice 계산기

un calque 투사지

une cantine 구내식당

une cartouche d'encre 잉크 카트리지

un classeur 서류정리함

un clavier d'ordinateur 컴퓨터 자판

un climatiseur 실내온도 조절기

une colle forte 강력 접착제(풀), 아교

une connexion haut-débit 고용량 접속

copier 복사하다

un couloir 복도

un crayon 연필

un crayon de couleur 색연필

un curseur 커서

un dossier 서류

dupliquer 복사하다

un élastique 고무, 고무줄

une enveloppe 봉투

un fax 팩스

un fichier attaché 첨부 파일

une gomme 지우개

un horodateur (날짜와 시각을 자동으로 찍는) 타임 스탬프

une imprimante 프린터

un logiciel 소프트웨어

une machine à affranchir 자동 우편 스탬프

une machine à café 커피 자판기

un marqueur 싸인 펜, 매직 펜

un modem 모뎀

un navigateur 네비게이터, 인터넷 웹 검색 프로그램

un ordinateur de bureau 사무실용 컴퓨터

un ordinateur personnel 개인용 컴퓨터

un ordinateur portable 휴대용 컴퓨터, 노트북

une paire de ciseaux, des ciseaux 가위

une perforatrice 키펀치

une photocopie 복사

une photocopieuse 복사기

une pochette en plastique 플라스틱 필통, 문구통

pointer 출퇴근을 체크하다

une punaise 압정

une rame de papier 종이 한 묶음 (500장)

un répondeur téléphonique 자동응답기

un rétroprojecteur 오버헤드 프로젝터

une réunion 회의

du ruban adhésif 접착 테이프

une salle d'administration 행정실

une salle de conférence 회의실

une souris 마우스

un standard téléphonique 전화 교환원(응답기)

un stylo 만년필, 펜

un stylo à bille 볼펜

un stylo-feutre 싸인 펜, 매직 펜

un tableau blanc 화이트 보드

un tapis de souris 마우스 받침대

un téléphone sans fil 무선전화

un téléphone portable 휴대폰

un timbre-poste 우표

du toner 토너

un trombone 클립

Niveau de formation

Doctorat 박사

Bac+5 석사

Bac+3 학사

Bac (baccalauréat) 고등학교 졸업

CAP, BEP 직업자격증, 직업교육 수료증

DNB ("Brevet") ou fin de 3ème 중학교 졸업

*약자

CAP : certificat d'aptitude professionnelle

(직업적성 증명서, 직업자격증)

BEP : brevet d'études professionnelles

(직업교육 수료증)

DNB : diplôme national du brevet

(중등교육 제 1기 수료증)

동사변화표

VERBE

ÊTRE
[ɛtʀ]

indicatif présent		indicatif futur		indicatif imparfait	
je	suis	je	serai	j'	étais
tu	es	tu	seras	tu	étais
il	est	il	sera	il	était
nous	sommes	nous	serons	nous	étions
vous	êtes	vous	serez	vous	étiez
ils	sont	ils	seront	ils	étaient
conditionnel présent		**indicatif passé simple**		**subjonctif présent**	
je	serais	je	fus	que je	sois
tu	serais	tu	fus	que tu	sois
il	serait	il	fut	qu'il	soit
nous	serions	nous	fûmes	que nous	soyons
vous	seriez	vous	fûtes	que vous	soyez
ils	seraient	ils	furent	qu'ils	soient

AVOIR
[avwaʀ]

indicatif présent		indicatif futur		indicatif imparfait	
j'	ai	j'	aurai	j'	avais
tu	as	tu	auras	tu	avais
il	a	il	aura	il	avait
nous	avons	nous	aurons	nous	avions
vous	avez	vous	aurez	vous	aviez
ils	ont	ils	auront	ils	avaient
conditionnel présent		**indicatif passé simple**		**subjonctif présent**	
j'	aurais	j'	eus	que j'	aie
tu	aurais	tu	eus	que tu	aies
il	aurait	il	eut	qu'il	ait
nous	aurions	nous	eûmes	que nous	ayons
vous	auriez	vous	eûtes	que vous	ayez
ils	auraient	ils	eurent	qu'ils	aient

AIMER

[ɛ(e)me]

indicatif présent		indicatif futur		indicatif imparfait	
j'	aime	j'	aimerai	j'	aimais
tu	aimes	tu	aimeras	tu	aimais
il	aime	il	aimera	il	aimait
nous	aimons	nous	aimerons	nous	aimions
vous	aimez	vous	aimerez	vous	aimiez
ils	aiment	ils	aimeront	ils	aimaient
conditionnel présent		**indicatif passé simple**		**subjonctif présent**	
j'	aimerais	j'	aimai	que j'	aime
tu	aimerais	tu	aimas	que tu	aimes
il	aimerait	il	aima	qu'il	aime
nous	aimerions	nous	aimâmes	que nous	aimions
vous	aimeriez	vous	aimâtes	que vous	aimiez
ils	aimeraient	ils	aimèrent	qu'ils	aiment

COMMENCER

[kɔmɑ̃se]

indicatif présent		indicatif futur		indicatif imparfait	
je	commence	je	commencerai	je	commençais
tu	commences	tu	commenceras	tu	commençais
il	commence	il	commencera	il	commençait
nous	commençons	nous	commencerons	nous	commencions
vous	commencez	vous	commencerez	vous	commenciez
ils	commencent	ils	commenceront	ils	commençaient
conditionnel présent		**indicatif passé simple**		**subjonctif présent**	
je	commencerais	je	commençai	que j'	commence
tu	commencerais	tu	commenças	que tu	commences
il	commencerait	il	commença	qu'il	commence
nous	commencerions	nous	commençâmes	que nous	commencions
vous	commenceriez	vous	commençâtes	que vous	commenciez
ils	commenceraient	ils	commencèrent	qu'ils	commencent

MANGER

[mɑ̃ʒe]

indicatif présent		indicatif futur		indicatif imparfait	
je	mange	je	mangerai	je	mangeais
tu	manges	tu	mangeras	tu	mangeais
il	mange	il	mangera	il	mangeait
nous	mangeons	nous	mangerons	nous	mangions
vous	mangez	vous	mangerez	vous	mangiez
ils	mangent	ils	mangeront	ils	mangeaient
conditionnel présent		**indicatif passé simple**		**subjonctif présent**	
je	mangerais	je	mangeai	que je	mange
tu	mangerais	tu	mangeas	que tu	manges
il	mangerait	il	mangea	qu'il	mange
nous	mangerions	nous	mangeâmes	que nous	mangions
vous	mangeriez	vous	mangeâtes	que vous	mangiez
ils	mangeraient	ils	mangèrent	qu'ils	mangent

APPELER

[aple]

indicatif présent		indicatif futur		indicatif imparfait	
j'	appelle	j'	appellerai	j'	appelais
tu	appelles	tu	appelleras	tu	appelais
il	appelle	il	appellera	il	appelait
nous	appelons	nous	appellerons	nous	appelions
vous	appelez	vous	appellerez	vous	appeliez
ils	appellent	ils	appelleront	ils	appelaient
conditionnel présent		**indicatif passé simple**		**subjonctif présent**	
j'	appellerais	j'	appelai	que j'	appelle
tu	appellerais	tu	appelas	que tu	appelles
il	appellerait	il	appela	qu'il	appelle
nous	appellerions	nous	appelâmes	que nous	appelions
vous	appelleriez	vous	appelâtes	que vous	appeliez
ils	appelleraient	ils	appelèrent	qu'ils	appellent

ACHETER

[aʃte]

indicatif présent		indicatif futur		indicatif imparfait	
j'	achète	j'	achèterai	j'	achetais
tu	achètes	tu	achèteras	tu	achetais
il	achète	il	achètera	il	achetait
nous	achetons	nous	achèterons	nous	achetions
vous	achetez	vous	achèterez	vous	achetiez
ils	achètent	ils	achèteront	ils	achetaient
conditionnel présent		**indicatif passé simple**		**subjonctif présent**	
j'	achèterais	j'	achetai	que j'	achète
tu	achèterais	tu	achetas	que tu	achètes
il	achèterait	il	acheta	qu'il	achète
nous	achèterions	nous	achetâmes	que nous	achetions
vous	achèteriez	vous	achetâtes	que vous	achetiez
ils	achèteraient	ils	achetèrent	qu'ils	achètent

PAYER

[pɛje]

indicatif présent		indicatif futur		indicatif imparfait	
je	paie / paye	je	paierai / payerai	je	payais
tu	paies / payes	tu	paieras / payeras	tu	payais
il	paie / paye	il	paiera / payera	il	payait
nous	payons	nous	paierons / payerons	nous	payions
vous	payez	vous	paierez / payerez	vous	payiez
ils	paient / payent	ils	paieront / payeront	ils	payaient
conditionnel présent		**indicatif passé simple**		**subjonctif présent**	
je	paierais / payerais	je	payai	que je	paie / paye
tu	paierais / payerais	tu	payas	que tu	paies / payes
il	paierait / payerait	il	paya	qu'il	paie / paye
nous	paierions / payerions	nous	payâmes	que nous	payions
vous	paieriez / payeriez	vous	payâtes	que vous	payiez
ils	paieraient / payeraient	ils	payèrent	qu'ils	paient / payent

ENVOYER

[ɑ̃vwaje]

indicatif présent		indicatif futur		indicatif imparfait	
j'	envoie	j'	enverrai	j'	envoyais
tu	envoies	tu	enverras	tu	envoyais
il	envoie	il	enverra	il	envoyait
nous	envoyons	nous	enverrons	nous	envoyions
vous	envoyez	vous	enverrez	vous	envoyiez
ils	envoient	ils	enverront	ils	envoyaient
conditionnel présent		**indicatif passé simple**		**subjonctif présent**	
j'	enverrais	j'	envoyai	que j'	envoie
tu	enverrais	tu	envoyas	que tu	envoies
il	enverrait	il	envoya	qu'il	envoie
nous	enverrions	nous	envoyâmes	que nous	envoyions
vous	enverriez	vous	envoyâtes	que vous	envoyiez
ils	enverraient	ils	envoyèrent	qu'ils	envoient

FINIR

[finiʀ]

indicatif présent		indicatif futur		indicatif imparfait	
je	finis	je	finirai	je	finissais
tu	finis	tu	finiras	tu	finissais
il	finit	il	finira	il	finissait
nous	finissons	nous	finirons	nous	finissions
vous	finissez	vous	finirez	vous	finissiez
ils	finissent	ils	finiront	ils	finissaient
conditionnel présent		**indicatif passé simple**		**subjonctif présent**	
je	finirais	je	finis	que je	finisse
tu	finirais	tu	finis	que tu	finisses
il	finirait	il	finit	qu'il	finisse
nous	finirions	nous	finîmes	que nous	finissions
vous	finiriez	vous	finîtes	que vous	finissiez
ils	finiraient	ils	finirent	qu'ils	finissent

ALLER
[ale]

indicatif présent		indicatif futur		indicatif imparfait	
je	vais	j'	irai	j'	allais
tu	vas	tu	iras	tu	allais
il	va	il	ira	il	allait
nous	allons	nous	irons	nous	allions
vous	allez	vous	irez	vous	alliez
ils	vont	ils	iront	ils	allaient
conditionnel présent		**indicatif passé simple**		**subjonctif présent**	
j'	irais	j'	allai	que j'	aille
tu	irais	tu	allas	que tu	ailles
il	irait	il	alla	qu'il	aille
nous	irions	nous	allâmes	que nous	allions
vous	iriez	vous	allâtes	que vous	alliez
ils	iraient	ils	allèrent	qu'ils	aillent

VENIR
[v(ə)niʀ]

indicatif présent		indicatif futur		indicatif imparfait	
je	viens	je	viendrai	je	venais
tu	viens	tu	viendras	tu	venais
il	vient	il	viendra	il	venait
nous	venons	nous	viendrons	nous	venions
vous	venez	vous	viendrez	vous	veniez
ils	viennent	ils	viendront	ils	venaient
conditionnel présent		**indicatif passé simple**		**subjonctif présent**	
je	viendrais	je	vins	que je	vienne
tu	viendrais	tu	vins	que tu	viennes
il	viendrait	il	vint	qu'il	vienne
nous	viendrions	nous	vînmes	que nous	venions
vous	viendriez	vous	vîntes	que vous	veniez
ils	viendraient	ils	vinrent	qu'ils	viennent

VOULOIR

[vulwaʀ]

indicatif présent		indicatif futur		indicatif imparfait	
je	veux	je	voudrai	je	voulais
tu	veux	tu	voudras	tu	voulais
il	veut	il	voudra	il	voulait
nous	voulons	nous	voudrons	nous	voulions
vous	voulez	vous	voudrez	vous	vouliez
ils	veulent	ils	voudront	ils	voulaient
conditionnel présent		**indicatif passé simple**		**subjonctif présent**	
je	voudrais	je	voulus	que je	veuille
tu	voudrais	tu	voulus	que tu	veuilles
il	voudrait	il	voulut	qu'il	veuille
nous	voudrions	nous	voulûmes	que nous	voulions
vous	voudriez	vous	voulûtes	que vous	vouliez
ils	voudraient	ils	voulurent	qu'ils	veuillent

POUVOIR

[puvwaʀ]

indicatif présent		indicatif futur		indicatif imparfait	
je / ou je	peux / puis	je	pourrai	je	pouvais
tu	peux	tu	pourras	tu	pouvais
il	peut	il	pourra	il	pouvait
nous	pouvons	nous	pourrons	nous	pouvions
vous	pouvez	vous	pourrez	vous	pouviez
ils	peuvent	ils	pourront	ils	pouvaient
conditionnel présent		**indicatif passé simple**		**subjonctif présent**	
je	pourrais	je	pus	que je	puisse
tu	pourrais	tu	pus	que tu	puisses
il	pourrait	il	put	qu'il	puisse
nous	pourrions	nous	pûmes	que nous	puissions
vous	pourriez	vous	pûtes	que vous	puissiez
ils	pourraient	ils	purent	qu'ils	puissent

DEVOIR

[dəvwaʀ]

indicatif présent		indicatif futur		indicatif imparfait	
je	dois	je	devrai	je	devais
tu	dois	tu	devras	tu	devais
il	doit	il	devra	il	devait
nous	devons	nous	devrons	nous	devions
vous	devez	vous	devrez	vous	deviez
ils	doivent	ils	devront	ils	devaient
conditionnel présent		**indicatif passé simple**		**subjonctif présent**	
je	devrais	je	dus	que je	doive
tu	devrais	tu	dus	que tu	doives
il	devrait	il	dut	qu'il	doive
nous	devrions	nous	dûmes	que nous	devions
vous	devriez	vous	dûtes	que vous	deviez
ils	devraient	ils	durent	qu'ils	doivent

FAIRE

[fɛʀ]

indicatif présent		indicatif futur		indicatif imparfait	
je	fais	je	ferai	je	faisais
tu	fais	tu	feras	tu	faisais
il	fait	il	fera	il	faisait
nous	faisons	nous	ferons	nous	faisions
vous	faites	vous	ferez	vous	faisiez
ils	font	ils	feront	ils	faisaient
conditionnel présent		**indicatif passé simple**		**subjonctif présent**	
je	ferais	je	fis	que je	fasse
tu	ferais	tu	fis	que tu	fasses
il	ferait	il	fit	qu'il	fasse
nous	ferions	nous	fîmes	que nous	fassions
vous	feriez	vous	fîtes	que vous	fassiez
ils	feraient	ils	firent	qu'ils	fassent

DIRE

[diʀ]

indicatif présent		indicatif futur		indicatif imparfait	
je	dis	je	dirai	je	disais
tu	dis	tu	diras	tu	disais
il	dit	il	dira	il	disait
nous	disons	nous	dirons	nous	disions
vous	dites	vous	direz	vous	disiez
ils	disent	ils	diront	ils	disaient
conditionnel présent		**indicatif passé simple**		**subjonctif présent**	
je	dirais	je	dis	que je	dise
tu	dirais	tu	dis	que tu	dises
il	dirait	il	dit	qu'il	dise
nous	dirions	nous	dîmes	que nous	disions
vous	diriez	vous	dîtes	que vous	disiez
ils	diraient	ils	dirent	qu'ils	disent

VOIR

[vwaʀ]

indicatif présent		indicatif futur		indicatif imparfait	
je	vois	je	verrai	je	voyais
tu	vois	tu	verras	tu	voyais
il	voit	il	verra	il	voyait
nous	voyons	nous	verrons	nous	voyions
vous	voyez	vous	verrez	vous	voyiez
ils	voient	ils	verront	ils	voyaient
conditionnel présent		**indicatif passé simple**		**subjonctif présent**	
je	verrais	je	vis	que je	voie
tu	verrais	tu	vis	que tu	voies
il	verrait	il	vit	qu'il	voie
nous	verrions	nous	vîmes	que nous	voyions
vous	verriez	vous	vîtes	que vous	voyiez
ils	verraient	ils	virent	qu'ils	voient

SAVOIR
[savwaʀ]

indicatif présent		indicatif futur		indicatif imparfait	
je	sais	je	saurai	je	savais
tu	sais	tu	sauras	tu	savais
il	sait	il	saura	il	savait
nous	savons	nous	saurons	nous	savions
vous	savez	vous	saurez	vous	saviez
ils	savent	ils	sauront	ils	savaient

conditionnel présent		indicatif passé simple		subjonctif présent	
je	saurais	je	sus	que je	sache
tu	saurais	tu	sus	que tu	saches
il	saurait	il	sut	qu'il	sache
nous	saurions	nous	sûmes	que nous	sachions
vous	sauriez	vous	sûtes	que vous	sachiez
ils	sauraient	ils	surent	qu'ils	sachent

RECEVOIR
[ʀəsvwaʀ]

indicatif présent		indicatif futur		indicatif imparfait	
je	reçois	je	recevrai	je	recevais
tu	reçois	tu	recevras	tu	recevais
il	reçoit	il	recevra	il	recevait
nous	recevons	nous	recevrons	nous	recevions
vous	recevez	vous	recevrez	vous	receviez
ils	reçoivent	ils	recevront	ils	recevaient

conditionnel présent		indicatif passé simple		subjonctif présent	
je	recevrais	je	reçus	que je	reçoive
tu	recevrais	tu	reçus	que tu	reçoives
il	recevrait	il	reçut	qu'il	reçoive
nous	recevrions	nous	reçûmes	que nous	recevions
vous	recevriez	vous	reçûtes	que vous	receviez
ils	recevraient	ils	reçurent	qu'ils	reçoivent

OFFRIR

[ɔfʀiʀ]

indicatif présent		indicatif futur		indicatif imparfait	
j'	offre	j'	offrirai	j'	offrais
tu	offres	tu	offriras	tu	offrais
il	offre	il	offrira	il	offrait
nous	offrons	nous	offrirons	nous	offrions
vous	offrez	vous	offrirez	vous	offriez
ils	offrent	ils	offriront	ils	offraient

conditionnel présent		indicatif passé simple		subjonctif présent	
j'	offrirais	j'	offris	que j'	offre
tu	offrirais	tu	offris	que tu	offres
il	offrirait	il	offrit	qu'il	offre
nous	offririons	nous	offrîmes	que nous	offrions
vous	offririez	vous	offrîtes	que vous	offriez
ils	offriraient	ils	offrirent	qu'ils	offrent

TENIR

[t(ə)niʀ]

indicatif présent		indicatif futur		indicatif imparfait	
je	tiens	je	tiendrai	je	tenais
tu	tiens	tu	tiendras	tu	tenais
il	tient	il	tiendra	il	tenait
nous	tenons	nous	tiendrons	nous	tenions
vous	tenez	vous	tiendrez	vous	teniez
ils	tiennent	ils	tiendront	ils	tenaient

conditionnel présent		indicatif passé simple		subjonctif présent	
je	tiendrais	je	tins	que je	tienne
tu	tiendrais	tu	tins	que tu	tiennes
il	tiendrait	il	tint	qu'il	tienne
nous	tiendrions	nous	tînmes	que nous	tenions
vous	tiendriez	vous	tîntes	que vous	teniez
ils	tiendraient	ils	tinrent	qu'ils	tiennent

METTRE

[mɛtʀ]

indicatif présent		indicatif futur		indicatif imparfait	
je	mets	je	mettrai	je	mettais
tu	mets	tu	mettras	tu	mettais
il	met	il	mettra	il	mettait
nous	mettons	nous	mettrons	nous	mettions
vous	mettez	vous	mettrez	vous	mettiez
ils	mettent	ils	mettront	ils	mettaient
conditionnel présent		**indicatif passé simple**		**subjonctif présent**	
je	mettrais	je	mis	que je	mette
tu	mettrais	tu	mis	que tu	mettes
il	mettrait	il	mit	qu'il	mette
nous	mettrions	nous	mîmes	que nous	mettions
vous	mettriez	vous	mîtes	que vous	mettiez
ils	mettraient	ils	mirent	qu'ils	mettent

RENDRE

[ʀɑ̃dʀ]

indicatif présent		indicatif futur		indicatif imparfait	
je	rends	je	rendrai	je	rendais
tu	rends	tu	rendras	tu	rendais
il	rend	il	rendra	il	rendait
nous	rendons	nous	rendrons	nous	rendions
vous	rendez	vous	rendrez	vous	rendiez
ils	rendent	ils	rendront	ils	rendaient
conditionnel présent		**indicatif passé simple**		**subjonctif présent**	
je	rendrais	je	rendis	que je	rende
tu	rendrais	tu	rendis	que tu	rendes
il	rendrait	il	rendit	qu'il	rende
nous	rendrions	nous	rendîmes	que nous	rendions
vous	rendriez	vous	rendîtes	que vous	rendiez
ils	rendraient	ils	rendirent	qu'ils	rendent

PRENDRE

[pʀɑ̃dʀ]

indicatif présent		indicatif futur		indicatif imparfait	
je	prends	je	prendrai	je	prenais
tu	prends	tu	prendras	tu	prenais
il	prend	il	prendra	il	prenait
nous	prenons	nous	prendrons	nous	prenions
vous	prenez	vous	prendrez	vous	preniez
ils	prennent	ils	prendront	ils	prenaient
conditionnel présent		**indicatif passé simple**		**subjonctif présent**	
je	prendrais	je	pris	que j'	prenne
tu	prendrais	tu	pris	que tu	prennes
il	prendrait	il	prit	qu'il	prenne
nous	prendrions	nous	prîmes	que nous	prenions
vous	prendriez	vous	prîtes	que vous	preniez
ils	prendraient	ils	prirent	qu'ils	prennent